INHALT

W0231799

Wolf–Dieter Tölle

Alles, was Sie über Steuern im Ruhestand wissen müssen

FBV

Bibliografische Information der Deutschen Nationalbibliothek:

Die Deutsche Nationalbibliothek verzeichnet diese Publikation in der Deutschen Nationalbibliografie. Detaillierte bibliografische Daten sind im Internet über http://dnb.d-nb.de abrufbar.

Für Fragen und Anregungen:
info@finanzbuchverlag.de

2. Auflage 2017

© 2017 by FinanzBuch Verlag,
ein Imprint der Münchner Verlagsgruppe GmbH
Nymphenburger Straße 86
D-80636 München
Tel.: 089 651285-0
Fax: 089 652096

Redaktion: Judith Engst
Korrektorat: Hella Neukötter
Umschlaggestaltung: Pamela Machleidt
Umschlagabbildung: shutterstock/Irina Fischer
Satz: inpunkt[w]o, Haiger (www.inpunktwo.de)
Druck: Konrad Triltsch GmbH, Ochsenfurt
Printed in Germany

ISBN Print 978-3-95972-023-6
ISBN E-Book (PDF) 978-3-96092-028-1
ISBN E-Book (EPUB, Mobi) 978-3-96092-029-8

Weitere Informationen zum Verlag finden Sie unter

www.finanzbuchverlag.de

Beachten Sie auch unsere weiteren Verlage unter www.m-vg.de

EINLEITUNG

Rentner und Pensionäre müssen Steuern zahlen. Bei Pensionären war dies auch schon vor Einführung der nachgelagerten Besteuerung der Fall. Doch bis zum 31. Dezember 2004 mussten Rentner, deren Einkommen nur aus Renten bestand und aus keinen anderen Einkünften, in der Regel keine Steuern zahlen. Seit dem 1. Januar 2005 hat der Gesetzgeber auch für Rentner die nachgelagerte Besteuerung eingeführt. Diese wird schrittweise bis zum Jahr 2040 vollständig umgesetzt. Damit müssen jetzt schon viele Rentner Steuern zahlen – weitaus mehr als je zuvor. In Zukunft werden es noch mehr sein. Wer aktuell noch keine oder nur geringe Steuern zahlt, muss damit rechnen, in absehbarer Zeit in größerem Umfang mit der Einkommensteuer konfrontiert zu werden. Ab 2040 haben Rentner dann auch keinen steuerfreien Rentenfreibetrag mehr, sondern müssen ihre vollständige Rente versteuern. Das führt dazu, dass die meisten Rentner verpflichtet sind, eine Einkommensteuererklärung abzugeben.

Diese nachgelagerte Besteuerung trifft jeden Rentner umso mehr, als derzeit das Rentenniveau, wenn überhaupt, dann nur geringfügig steigt. Zudem bleibt von der Rente unter Berücksichtigung der Inflation immer weniger übrig und die Kosten, insbesondere für Pflegebedarf und Heimunterbringung, steigen stetig und stark. Deswegen ist es wiederum enorm wichtig, dass sich Rentner und Pensionäre mit dem Thema Einkommensteuer beschäftigen.

Für viele kommt es auf jeden Euro an. Aus diesem Grunde ist es wichtig, dass Sie als Rentner oder Pensionär alles über die Besteuerung Ihrer Altersbezüge wissen. Sie müssen wissen, wann und wie Sie eine Einkommensteuererklärung abgeben müssen.

Vor allem aber sollten Sie steuerlich so viel wie möglich für sich herausholen, damit Ihnen möglichst viel von Ihrer Rente oder Pension bleibt. Das ist nicht immer ganz einfach. Im vorliegenden Buch erläutere ich Ihnen, wie das Einkommensteuersystem für Rentner und Pensionäre funktioniert. Sie erhalten wichtige Tipps für die Abgabe der Steuererklärung und alle notwendigen Tricks und Empfehlungen, um möglichst wenig Einkommensteuer auf Ihre Altersbezüge zu bezahlen.

Lesen Sie dieses Buch – und Sie haben mehr von Ihrer Rente im Alter.

Wolf-Dieter Tölle
im März 2017

1. Müssen Sie (überhaupt) Steuern zahlen – und wenn ja, in welchem Umfang?

Man mag es drehen und wenden, wie man will: Die Besteuerung von Renten ist in Deutschland ein Novum, das es vor dem Jahr 2005 in dieser Form nicht gab. Bis heute wissen viele Senioren nicht genau, ob Ihre Altersbezüge von der Besteuerung betroffen sind oder nicht. Deshalb im Folgenden zunächst einige grundlegende Erläuterungen zur Besteuerung von Renten und Pensionen.

1.1 Steuerpflicht für Rentner und Pensionäre: Wie es dazu gekommen ist

Die Frage, warum Rentner und Pensionäre Steuern zahlen müssen, lässt sich einfach beantworten: Weil die Politik es so beschlossen hat. Die Antwort auf die Frage, warum die Politik das so will, ist etwas komplexer. So komplex, wie die Praxis in unserer geschätzten und wichtigen Demokratie immer mal wieder ist.

Bundesverfassungsgericht: Rentner und Pensionäre müssen gleichbehandelt werden

Pensionäre mussten schon immer Steuern auf ihre Pensionen im Alter zahlen. Das lag daran, dass Pensionäre als frühere Beamte während ihrer aktiven Erwerbstätigkeit keine Beiträge zur Altersvorsorge leisten mussten – ihre Altersvorsorge war vielmehr durch den Staat garantiert. Pensionäre mussten somit keine Beiträge aus versteuertem Einkommen leisten, um ihre spätere Rente zu sichern. Der Staat übernahm die Altersvorsorge der Beamten während ihres aktiven Dienstes als zusätzliche Gegenleistung für die Arbeit und die Verpflichtung zur Loyalität – und übernimmt sie bis heute. Die Pension unterlag und unterliegt damit der Einkommensteuer.

Anders war das bei allen anderen Arbeitnehmern, die in die Rentenkasse einzahlten. Alle angestellten Arbeitnehmer haben entweder in die gesetzliche oder in eine private Rentenversicherung eingezahlt und im Ruhestand daraus ihre Renten bezogen. Dabei teilten und teilen sich in der Regel Arbeitgeber und Arbeitnehmer die Beiträge zur Altersvorsorge. Zumindest der Arbeitnehmeranteil für die Altersvorsorge stammt aus versteuertem Einkommen des Angestellten. Das heißt, auf die Arbeitnehmerbeiträge zur Rentenversicherung wurde über die Lohnabrechnung auch Lohnsteuer und damit Einkommensteuer an das Finanzamt abgeführt. Dies lässt sich aus der Lohnabrechnung ersehen, indem man einen Blick auf das steuer- und sozialversicherungsrechtliche »Brutto« wirft.

Der Teil, der aus versteuertem Einkommen stammte, konnte wiederum in begrenztem Maße als Sonderausgabe in der Einkommensteuererklärung geltend gemacht werden. Selbstständige und Gewerbetreibende mussten die gesamte Altersvorsorge aus versteuertem Entgelt leisten, hatten dann oftmals jedoch einen höheren Sonderausgabenabzug.

Da der Beitrag zur Rentenversicherung somit teilweise aus versteuertem Einkommen stammte, waren die späteren Altersbezüge im Gegensatz zu denjenigen der Pensionäre größtenteils steuerfrei. Rentner mussten also in der Vergangenheit meistens keine Steuern auf ihre Rente zahlen. Dieses galt natürlich nur, wenn sie ausschließlich Renten bezogen und keine anderen Einkünfte, wie z. B. Kapitaleinkünfte oder Einkünfte aus Vermietung hatten, die 410 € im Jahr überschritten. Denn diese anderen Einkünfte unterlagen selbstverständlich der Einkommensteuer. Die Rente selbst war nur mit ihrem geringen Ertragsanteil steuerpflichtig, was dazu führte, dass kaum ein Rentner je auf seine Rente Einkommensteuern zahlen musste.

Diese Ungleichbehandlung von Rentnern und Pensionären im Alter sorgte vielfach für Ärger und Probleme, sodass der Fall vor dem Bundesverfassungsgericht landete. Am 6. März 2002 entschied das Bundesverfassungsgericht, dass diese unterschiedliche Besteuerung von Pensionen und Renten eine nicht hinzunehmende Ungleichbehandlung sei, die gegen Artikel 3 des Grundgesetzes, den Gleichheitsgrundsatz, verstoße (Aktenzeichen: BVerfG, 2 BvL 17/99).

Das Bundesverfassungsgericht forderte den Gesetzgeber auf, die Rentenbesteuerung bis zum 1. Januar 2005 neu zu regeln. Auch seien die Rentenbeiträge zum Teil aus unversteuertem Einkommen gezahlt worden. Dieses galt und gilt zumindest für die Arbeitgeberbeiträge zur Rentenversicherung (siehe Tabelle 1). Aus diesem Grund sei es nur recht und billig, die später ausgezahlten Renten der Einkommensteuer zu unterwerfen.

Unversteuerter Arbeitgeberanteil zur Sozialversicherung (einschl. Rentenbeitrag)	
Bruttolohn	
Abzüglich ...	Lohn-/Einkommensteuer (Die Lohnsteuer ist eine Vorauszahlung auf die Einkommensteuer des Arbeitnehmers und damit eine Unterform der Einkommensteuer).
Abzüglich ...	Arbeitnehmerbeitrag zur Sozialversicherung (**Renten-/**Kranken-/Pflege-/Arbeitslosenversicherungsbeitrag – versteuert)
Nettolohn (Auszahlung)	

Tabelle 1: Das System der Rentenbeiträge – So sieht die typische Lohnabrechnung eines Arbeitnehmers aus

Reaktion des Gesetzgebers: Die nachgelagerte Besteuerung wird eingeführt

Der Gesetzgeber hat auf diese Entscheidung des Bundesverfassungsgerichts hin die sogenannte nachgelagerte Rentenbesteuerung eingeführt, die unserem heutigen Besteuerungssystem für Renten zugrunde liegt. Das Prinzip: Beiträge zur Altersvorsorge werden während der Erwerbs- bzw. Sparphase aus nicht versteuertem Einkommen geleistet. Dafür aber werden die späteren Rentenzahlungen, die ein jeder Ruheständler erhält, besteuert.

Einen solch grundlegenden Systemwechsel kann man allerdings nicht von heute auf morgen durchsetzen. Deshalb hat der Gesetzgeber eine langjährige Übergangsregelung geschaffen, die bis zum Jahr 2040 andauert. Diese Übergangsregelung soll die Konsequenzen für die Rentner abmildern, um sie langsam an die vollständige Besteuerung der Renten heranzuführen. In dieser Übergangsphase ist ein Teil der erhaltenen Rente noch steuerfrei.

Viele Rentner haben sich mit ihrer Lebensplanung allerdings bis heute auf eine meistens steuerfreie Rentenzeit eingestellt. Bis 2004 hatten Rentner zudem kaum noch etwas mit dem Finanzamt zu tun. Das hat sich zwischenzeitlich geändert. Aus diesem Grunde müssen Rentner nun im Alter oftmals doch eine aufwändige Einkommensteuererklärung abgeben und vor allem auch Steuern zahlen. In der bereits oben erwähnten Übergangsphase bis 2040 ist dies allerdings nicht immer der Fall, da nur ein Teil der Rente besteuert wird.

Das Problem für alle Rentner, die langjährig Arbeitnehmer waren, besteht allerdings darin, dass die Rente an sie ausgezahlt wird, ohne dass davon – wie früher im Arbeitsleben – Lohn- bzw. Einkommensteuer einbehalten wird. Die Rente wird von der Rentenversicherung zunächst einmal vollständig überwiesen. Die böse Überraschung kommt dann erst im Folgejahr, wenn das Finanzamt die Abgabe einer Einkommensteuererklärung verlangt. Die Rentenversicherung übermittelt die ausgezahlten Rentenbeträge dann automatisch in elektronischer Form an das Finanzamt, sodass die Steuerbehörde Ihre Rentenhöhe kennt. Ergibt sich aufgrund der Rentenhöhe eine Einkommensteuerpflicht, verlangt das Finanzamt von Ihnen eine Einkommensteuererklärung und Sie müssen entsprechend Steuern nachzahlen.

Die Steuerpflicht trifft immer mehr Rentner

Viele Rentner haben in den vergangenen Jahren vom Finanzamt die Aufforderung erhalten, eine Steuererklärung abzugeben. Oftmals geschah dies erst nach mehreren Jahren, weil der elektronische Abgleich der Rentendaten anfangs noch nicht reibungslos klappte. Dann kam es häufig zu unerwarteten Steuernachzahlungen. Dies betraf allerdings zunächst nur Rentner mit hohen Altersbezügen. Künftig werden jedoch immer mehr Rentner davon betroffen sein. Mittlerweile sind es schon mehrere Millionen mit steigender Tendenz. Es ist also enorm wichtig, sich als Rentner, Pensionär und auch als erst künftiger Altersvorsorgeempfänger mit dem Thema Steuern und Altersbezüge auseinanderzusetzen.

In diesem Buch finden Sie alles, was Sie über Rente bzw. Pension und Steuern wissen müssen. Sie erfahren, wie Sie Steuern effektiv und legal sparen und wirklich alles nutzen, um im Alter möglichst viel von Ihren Altersbezügen behalten zu dürfen.

Wir haben gerade festgestellt, dass viele Rentner ein böse Überraschung erleben, wenn sie ihren ersten Steuerbescheid seit Renteneintritt bekommen und feststellen, wie viele Steuern sie noch auf ihre ohnehin nicht allzu große Rente zahlen müssen.

Gleichzeitig setzt das Finanzamt für das laufende Jahr Vorauszahlungen fest, die vierteljährlich erhoben werden. Damit müssen Rentner für die Steuer einiges von ihrer Rente zurücklegen. Das ist angesichts der ohnehin oftmals nicht gerade hohen Rente und der Abstriche, die ein Rentner im Vergleich zum ursprünglichen Lohn oder Gehalt hinnehmen muss, nicht immer ganz einfach. Außerdem wissen viele Rentner erst einmal nicht, ob sie überhaupt Steuern zahlen müssen. In den Folgejahren werden Sie dann regelmäßig Einkommensteuervorauszahlungen an das Finanzamt leisten müssen.

Wer als Rentner noch keine Steuern zahlt, weil er mit seinem zu versteuerndem Rentenanteil unter dem steuererheblichen Grundfreibetrag liegt, muss bei jeder Rentenerhöhung damit rechnen, dass er dann doch noch zur Einkommensteuer herangezogen wird. Damit ist die Rentenerhöhung nicht immer ein Geschenk.

Auch wer als Rentner aktuell noch keine Steuern zahlt, sollte alle Steuertricks kennen, um eine Besteuerung seiner Altersbezüge künftig möglichst zu vermeiden oder wenigstens zu mindern. Wer als Rentner oder Pensionär schon Steuern zahlt, sollte dafür sorgen, dass

er von der Rente oder Pension möglichst wenig an den Fiskus abgibt.
Wer noch keine Rente bekommt, sollte sich ebenfalls schon auf die
Frage der Besteuerung vorbereiten, damit er später im Rentenalter
möglichst viel von seiner Rente oder Pension hat. Erfahren Sie alles
Notwendige zur Besteuerung im Alter und lernen Sie alle Tricks ken-
nen, um die Steuern zu senken.

Mit Eintritt in die Rentenphase ändert sich somit steuerlich einiges für Sie: Wie schon erwähnt, braucht sich ein Arbeitnehmer nicht
von vornherein um die Abführung der Steuern zu kümmern. Der Arbeitgeber führt diese als Lohnsteuer ab. Anders dagegen bei einem
Rentner. Dort unterbleiben die Direktabzüge von der monatlichen
Rentenzahlung – das ist Grund genug, als Rentner das Thema Besteuerung nicht auf die leichte Schulter zu nehmen. Die folgenden
beiden Abbildungen verdeutlichen den Unterschied im Steuerfluss
bei Arbeitnehmern (Abbildung 1) und bei Rentnern (Abbildung 2).

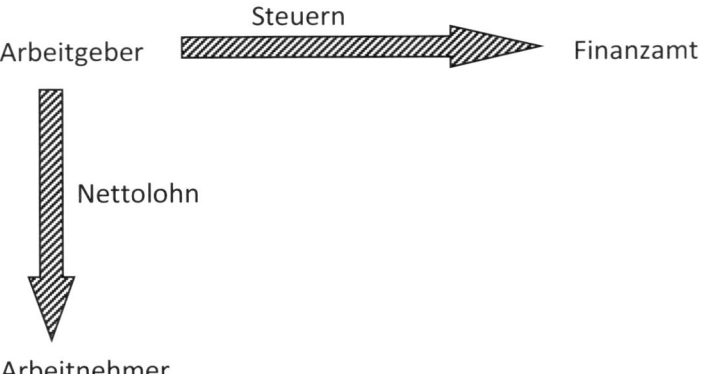

Abbildung 1: Steuerfluss bei Arbeitnehmern

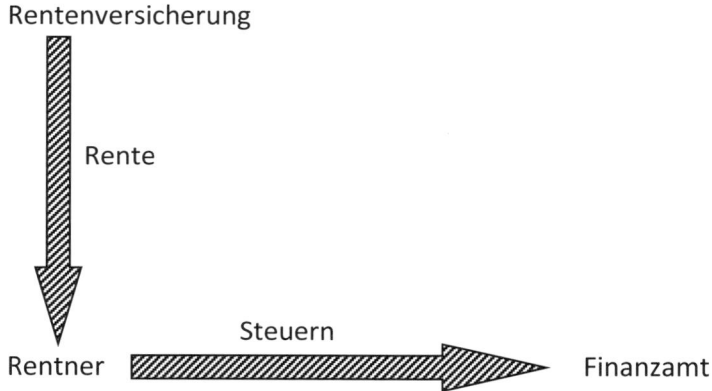

Abbildung 2: Steuerfluss bei Rentnern (nachgelagerte Besteuerung)

1.2 Welche Ruheständler Steuern zahlen müssen

Ob bzw. wann ein Rentner Steuern zahlen muss, hängt von einigen Faktoren ab. Entscheidend ist die Art und die Höhe der Rente. Die Besteuerung wird auch beeinflusst durch die Frage, ob der Rentner verheiratet ist und Kinder hat, für die ein Anspruch auf Kindergeld oder den Kinderfreibetrag besteht. Daneben spielt eine Rolle, ob der Rentner neben der Rente noch weitere Einkünfte bezieht – zum Beispiel aus Vermietung und Verpachtung oder aus der Geldanlage.

Zur Beantwortung der Frage, welche Ruheständler Steuern zahlen müssen, ist zunächst einmal zu klären, ob Sie als Rentner oder Pensionär dem deutschen Steuerrecht unterliegen. Denn nur in diesem Fall kann überhaupt Einkommensteuer nach deutschem Recht erhoben werden. Das ist der Fall, wenn Sie in Deutschland ihren gewöhnlichen Aufenthalt haben. Dies gilt unabhängig von Ihrem Alter und der Nationalität.

Als in Deutschland ansässiger Rentner sind Sie in der Regel unbeschränkt steuerpflichtig und unterliegen somit der Besteuerung in Deutschland. Rentner im Ausland müssen hingegen genau prüfen, ob sie noch der deutschen Steuerpflicht unterliegen (Näheres dazu: siehe Kapitel 6).

Die sieben Einkunftsarten

Bei unbeschränkter Steuerpflicht wird das Einkommen des Ruheständlers voll und ganz in Deutschland besteuert. Dazu gehören zunächst einmal die Renten und Pensionseinkünfte. Insgesamt gibt es jedoch in Deutschland sieben Einkunftsarten, die der Einkommensteuer unterliegen. Dies ist im Einkommensteuergesetz geregelt.

Die sieben Einkunftsarten

- ➤ Einkünfte aus Gewerbebetrieb
- ➤ Einkünfte aus selbstständiger/freiberuflicher Tätigkeit
- ➤ Einkünfte aus Land- und Forstwirtschaft
- ➤ Einkünfte aus nichtselbstständiger Tätigkeit (Lohn/Gehalt als Arbeitnehmer)
- ➤ Einkünfte aus Vermietung und Verpachtung
- ➤ Kapitaleinkünfte (Zinsen, Dividenden, Wertpapiergewinne)
- ➤ Sonstige Einkünfte (falls Sie sich gefragt haben, zu welcher Einkunftsart Ihre Rente gehört – sie fällt in die »sonstigen Einkünfte«)

Die sieben Einkunftsarten lassen sich in zwei Kategorien aufteilen:

➤   Zur **ersten Kategorie** gehören die sogenannten Gewinneinkünfte, das sind die Einkünfte aus Gewerbebetrieb, aus selbstständiger Arbeit oder aus Land- und Forstwirtschaft. Gewerbebetriebe haben z. B. Einzelhändler, Restaurantbesitzer oder auch Handwerker. Bei der sogenannten selbstständigen Tätigkeit handelt es sich um eine freiberufliche Tätigkeit – etwa als Rechtsanwalt,

Steuerberater, Notar, Architekt oder Arzt. Anders als Gewerbe-betriebe haben Freiberufler keine streng reglementierte Buch-führungspflicht und sind nicht zur Zahlung von Gewerbesteuer verpflichtet. Bei dieser Einkunftsgruppe ist zu beachten: Der Umsatz stellt nicht gleich den Gewinn dar. Vielmehr werden von den Umsatzerlösen zunächst die Betriebskosten abgezogen. Nur bei der Differenz handelt es sich dann um den zu versteuernden Gewinn. Betriebsausgaben sind die Ausgaben, die durch den Be-trieb veranlasst sind. Maßgeblich ist der wirtschaftliche Zusam-menhang mit dem Betrieb. Das Einkommensteuergesetz hat dazu in § 4 Abs. 5 EStG Abgrenzungen vorgenommen.

➤ In der **zweiten Kategorie** sind die sogenannten Überschussein-künfte enthalten, das sind die Einkünfte aus nichtselbstständiger Arbeit, also einer angestellten Tätigkeit als Arbeitnehmer, Einkünf-te aus Vermietung und Verpachtung, aus Kapitalvermögen und sonstige Einkünfte. Zur dieser zweiten Gruppe gehören auch die Renten und Pensionen. Wichtig ist hier: Nicht alle Einnahmen gel-ten gleich als Einkünfte. Vielmehr können davon die sogenannten Werbungskosten abgezogen werden. Und nur die Differenz aus den Einkünften und den Werbungskosten wird zu den steuer-pflichtigen Einkünften gezählt. Werbungskosten sind diejenigen Aufwendungen, die zur Sicherung, Erhaltung und zum Erwerb der Einnahmen notwendig sind. Sie sind jeweils bei der Einkunfts-art zu berücksichtigen, bei der sie entstanden sind. Zum Teil gibt es Pauschbeträge, die im Rahmen der Werbungskosten abgezogen werden dürfen und keinen gesonderten Nachweis erfordern.

Wie gesagt: Als Rentner können Sie neben den Renteneinkünften auch Einkünfte aus anderen Einkunftsarten erzielen. Häufig sind das Einkünf-te aus Nebentätigkeiten im Gewerbebetrieb oder aus nichtselbstständi-ger Arbeit, aus Vermietung und Verpachtung oder aus Kapitalerträgen. Das kommt nicht von ungefähr. Denn viele Rentner bessern ihre Alters-bezüge durch andere Einkunftsarten auf. Häufig ist auch die Vermietung ein Bestandteil der Rentenplanung wie die folgende Abbildung 3 zeigt:

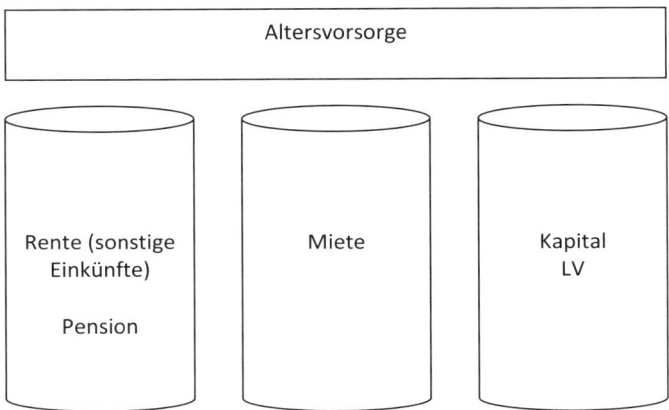

Abbildung 3: Die Altersvorsorge beruht idealerweise auf mehreren Säulen

Wenn Sie also neben Ihren Altersbezügen noch weitere Einkünfte aus einer der hier beschriebenen sieben Einkunftsarten haben, dann wissen Sie: Dass Sie Steuern zahlen müssen, ist zumindest wahrscheinlich.

Dagegen unterliegt alles, was nicht zu einer der genannten sieben Einkunftsarten gehört, nicht der Einkommensteuer und muss auch nicht via Steuererklärung dem Fiskus gemeldet werden.

Beispiel: Lottogewinn

Ein Rentner gewinnt 1,5 Millionen € im Lotto. Diese Einnahme bleibt steuerfrei. Unabhängig davon muss der Rentner jedoch natürlich seine Renteneinkünfte nach wie vor versteuern. Lotteriegewinne werden von keiner Einkunftsart erfasst, sie gehören auch nicht zu den sonstigen Einkünften.

Die nachstehende Checkliste gibt Ihnen eine Hilfestellung, wann Sie mit einer Steuerpflicht zumindest rechnen müssen.

Wohnsitz oder gewöhnlicher Aufenthalt in Deutschland?	Ja	Nein	Bei »Ja« => unbeschränkte Steuerpflicht (siehe Kapitel 2), sonst auf Antrag oder ggf. beschränkte Steuerpflicht (siehe Kapitel 6)
Verheiratet?	Ja	Nein	»Ja« => Splittingtarif möglich
Kinder?	Ja	Nein	
	Wenn ja: Wie viele? In welchem Alter		Kindergeld oder Kinderfreibeträge möglich
Renteneinkünfte aus gesetzlichen Renten vorhanden?	Nachgelagerte Besteuerung. Bei Renteneintritt zwischen 2005 und 2040 bleibt allerdings ein Teil der Rente steuerfrei (siehe Abschnitt 2.1)		
Renteneinkünfte aus Versorgungswerken vorhanden?			
Renteneinkünfte aus geförderter Altersversorgung vorhanden (Riester, betriebliche Altersvorsorge)?	Volle Besteuerung (siehe Abschnitt 2.2)		
Renteneinkünfte aus privaten Renten vorhanden?	Besteuerung mit dem Ertragsanteil (siehe Abschnitt 2.3)		
Sonstige Renten vorhanden?			
Weitere und sonstige Einkünfte (Gewerbebetrieb, selbstständige Tätigkeit, Lohn/Gehalt, Vermietung, Verpachtung und Kapitaleinkünfte oder andere) vorhanden?	Besteuerung der Gewinne bzw. Überschüsse		

Tabelle 2: Checkliste zur Steuerpflicht

Liegen Einkünfte vor, muss anhand von deren Höhe geprüft werden, ob eine Pflicht zur Abgabe einer Steuererklärung besteht und ob Einkommensteuer gezahlt werden muss. Das A und O dieser Prüfung ist der sogenannte Grundfreibetrag. Manchmal kommt auch noch ein Kinderfreibetrag dazu. Versteuern müssen Sie Einkünfte erst, wenn sie über diesen Freibeträgen liegen. Mehr dazu in den nächsten Abschnitten.

1.3 Grund- und Kinderfreibetrag: Maßgeblich bei der Frage, ob wirklich Steuern anfallen

Rentner müssen Steuern zahlen, wenn ihre Einkünfte, das heißt der Gesamtbetrag aller Einkünfte, über dem Grundfreibetrag liegen. Falls zu Ihrem Haushalt noch Kinder zählen, für die ein Kindergeldanspruch besteht, dann kann auch noch ein Kinderfreibetrag wirksam werden.

Grundfreibetrag

Ob Sie auf Ihre Rente Steuern zahlen müssen, hängt grundsätzlich davon ab, ob Sie mit dem steuerpflichtigen Teil der Rente und mit ihren anderen Einkünften insgesamt nach Abzug aller Kosten, Sonderausgaben und außergewöhnlichen Belastungen den sogenannten Grundfreibetrag überschreiten.

Dieser Grundfreibetrag ist für alle Steuerbürger gleich. Im Jahr 2016 belief sich der Grundfreibetrag für Ledige noch auf 8.652 € und für zusammenveranlagte Ehepaare 17.304 €. 2017 beträgt er für nicht verheiratete Personen 8.820 € und für zusammenveranlagte Ehepaare 17.640 €, also das Doppelte. In der Vergangenheit ist der Grundfreibetrag stetig angestiegen. Im Jahr 2018 liegt der Grundfreibetrag bei 9.000 € für Ledige und 18.000 € für zusammenveranlagte Ehepaare. Mit künftigen Erhöhungen ist also weiterhin zu rechnen. Tabelle 3 zeigt, wie sich der Grundfreibetrag seit dem Jahr 2009 entwickelt hat:

Jahr	Grundfreibetrag für Ledige	Grundfreibetrag für Verheiratete/ eingetragene Lebenspartner
2018	9.000 €	18.000 €
2017	8.820 €	17.640 €
2016	8.652 €	17.304 €
2015	8.472 €	16.944 €
2014	8.354 €	16.708 €
2013	8.130 €	16.260 €
2012	8.004 €	16.008 €
2011	8.004 €	16.008 €
2010	8.004 €	16.008 €
2009	7.834 €	15.668 €

Tabelle 3: Die Höhe des Grundfreibetrags seit dem Jahr 2009

Kinderfreibetrag

Bei der Beurteilung, ob Sie als Rentner überhaupt Steuern zahlen müssen, ist gegebenenfalls ein Kinderfreibetrag zu berücksichtigen. Er kann für jedes Kind genutzt werden, für das ein Kindergeldanspruch besteht. Der Kinderfreibetrag kommt allerdings nicht immer zum Tragen, sondern nur, wenn seine steuerliche Berücksichtigung günstiger ist als der steuerfreie Bezug von Kindergeld. Ob dies der Fall ist, hängt wiederum vom persönlichen Steuersatz und damit von der Höhe der gesamten Einkünfte ab. Der Kinderfreibetrag wird nur gewährt, wenn die Kinder noch nicht das 25. Lebensjahr erreicht haben. Bei vielen Rentnern wird es günstiger sein, die steuerfreie Auszahlung des Kindergeldes in Anspruch zu nehmen. Dann kommt ein Kinderfreibetrag nicht zum Tragen. Die Prüfung, welche Variante

– Kindergeld oder Kinderfreibetrag – für den jeweiligen Steuerbürger günstiger ist, führt das Finanzamt bei Abgabe einer Steuererklärung automatisch durch. Die Höhe des Steuerfreibetrags hat sich seit dem Jahr 2009 mehr oder weniger stetig erhöht. Näheres dazu finden Sie in Tabelle 4.

Jahr	Kinderfreibetrag
2018	4.788 € pro Kind*
2017	4.716 € pro Kind*
2016	4.608 € pro Kind*
2015	4.512 € pro Kind*
2010 bis 2014	4.368 € pro Kind*
2009	3.864 € pro Kind*

* Es zählen nur Kinder, für die ein Kindergeldanspruch besteht
Tabelle 4: Die Höhe des Kinderfreibetrags

Überschreiten des Grund- und Kinderfreibetrags

Grundsätzlich kann man also sagen: Wenn Ihre Einkünfte den Grund- und ggf. den Kinderfreibetrag in Summe übertreffen, besteht die Gefahr, dass Einkommensteuer anfällt.

Von den Einkünften sind allerdings vorher noch Sonderausgaben sowie die außergewöhnlichen Belastungen abzuziehen. Daraus ergibt sich dann das zu versteuernde Einkommen. Wirklich versteuern müssen Sie nur, was über dem jeweiligen Grund- und ggf. Kinderfreibetrag liegt.

Zu den Sonderausgaben gehören zum Beispiel Haftpflichtversicherungen, Spenden und auch die Kranken- und Pflegeversicherung, sofern Sie als Rentner diese aus eigener Tasche bezahlt haben.

Zusammenfassend kann man sagen: Sobald Sie als Rentner mit Ihren Einkünften unter Berücksichtigung etwaiger verrechenbarer Verluste und aller abziehbaren Aufwendungen den Grundfreibetrag entweder für Verheiratete oder Alleinstehende (und ggf. den Kinder-freibetrag) erreichen, müssen sie Steuern zahlen.

Aus diesem Grund muss jeder Rentner zunächst einmal den Ge-samtbetrag seiner Einkünfte ermitteln, um feststellen zu können, ob er tatsächlich Steuern zahlen muss. Dabei hilft ein Berechnungs-schema, das ich Ihnen im folgenden Abschnitt vorstelle.

Nach dem folgenden Schema lässt sich der Gesamtbetrag der Einkünfte als Grundlage für die Besteuerung ermitteln:

Berechnungsschema für den Gesamtbetrag der Einkünfte

Summe der Einkünfte (§ 2 Abs. 2 EStG)
./.
Altersentlastungsbetrag (§ 24a EStG)
./.
Entlastungsbetrag für Alleinerziehende (§ 24b EStG)
./.
Abzug für Land- und Forstwirte (§ 13 Abs. 3 EStG)
+
Erstattungsüberhang aus der Kranken- und Pflege-versicherungsleistung gemäß § 10 Abs. 1 Nr. 3 EStG
oder der Kirchensteuer gemäß § 10 Abs. 1 Nr. 4 EStG
=
Gesamtbetrag der Einkünfte (§ 2 Abs. 3 EStG)

1.4 Wie viele Steuern fallen an?

Wie viele Steuern Rentner und Pensionäre zahlen müssen, lässt sich pauschal nicht ganz einfach beantworten. In Deutschland gibt es ein sogenanntes progressives Steuersystem. Das heißt: Die Einkommen-steuer erhöht sich mit steigendem Einkommen nicht gleichmäßig, sondern progressiv. Je höher das Einkommen, desto höher ist der Prozentsatz von diesem Einkommen, der als Steuer an den Fiskus entrichtet werden muss.

Grundsätzlich gilt bei der Frage, wie hoch die zu zahlende Einkommensteuer ausfällt, für Rentner und Pensionäre nichts anderes als für alle andern Steuerpflichtigen auch. Die Einkommensteuer wird nach dem progressiven Steuertarif berechnet. Das bedeutet, je höher die Einkünfte und die Rente in Summe sind, umso höher ist der entsprechende Steuersatz.

Rentner haben dazu den Nachteil, dass sie kaum Werbungskosten absetzen können. Denn der Gesetzgeber geht davon aus, dass ein Rentner kaum Werbungskosten hat. Schließlich muss er für seine Rente nichts weiter aufwenden und gibt zum Bezug oder Erhalt der Rente oder Pension keine nennenswerten Geldbeträge aus.

Bis zum Grundfreibetrag wird zunächst einmal keine Steuer gezahlt. Dann gilt der progressive Tarif. Demnach erhöht sich mit steigendem Einkommen auch der Steuersatz. Der Eingangssteuersatz, also der Steuersatz, der für Einkünfte knapp oberhalb des Grundfreibetrags gilt, liegt bei 14 %, der Spitzensteuersatz bei 42 %. Menschen mit sehr hohen Einkünften zahlen zusätzlich die sogenannte Reichensteuer von 3 %.

Damit Sie grob abschätzen können, ob und wie viel Einkommensteuer Sie womöglich zahlen müssen, habe ich Ihnen in Tabelle 5 einmal die wichtigsten Daten zur Steuerhöhe zusammengefasst. Um wirklich prüfen zu können, wie viel Steuern Sie zahlen müssen, ist jedoch immer eine genaue Berechnung anhand Ihrer persönlichen Einkünfte und Ausgaben erforderlich.

Zeit-raum	Grund-freibetrag	Eingangs-steuersatz (für Einkünfte knapp über dem Grundfrei-betrag)	Einkom-men, ab dem der Spitzen-steuersatz (bzw. die Reichen-steuer) greift	Spitzen-steuer-satz	Solida-ritäts-zuschlag in % der Einkom-men-steuer
2015	8.472 €	14 %	52.882 € *(250.731)*	42 % *45 %*	5,50 %
2016	8.652 €	14 %	53.666 € *(254.447)*	42 % *45 %*	
2017	8.820 €	14 %	54.057 € *(256.304)*	42 % *45 %*	
2018	Es gilt ein Grundfreibetrag von 9.000 €. Eingangs- und Spitzensteuersatz bleiben gleich.				

Tabelle 5: Die Steuerhöhe in Abhängigkeit vom Einkommen

Dazu noch ein Hinweis: Es gibt Bestrebungen, den Solidaritätszuschlag abzusenken. Ob der Gesetzgeber dies jedoch wirklich in Angriff nehmen wird, bleibt abzuwarten.

2. Wer als Rentner oder Pensionär eine Steuererklärung abgeben muss oder dies sinnvollerweise freiwillig tut

Bevor Sie Steuern zahlen, müssen Sie üblicherweise eine Steuererklärung abgeben. Allerdings trifft diese Pflicht nicht jeden Ruheständler. Zunächst gilt es also zu prüfen, ob eine solche Pflicht besteht. Falls nicht, dann gibt es Fälle, in denen sich eine freiwillige Abgabe lohnt. Informationen zu beidem erhalten Sie in den folgenden Abschnitten.

2.1 Wen die Pflicht zur Abgabe einer Steuererklärung trifft

Grundsätzlich ist jeder Steuerpflichtige verpflichtet, eine Steuererklärung abzugeben, wenn er Einkünfte hat, die nicht dem Lohnsteuerabzug in Steuerklasse I/IV unterliegen. Als Rentner haben Sie allerdings gar keinen Lohnsteuerabzug, Ihre Rente wird ohne Abzüge in voller Höhe an Sie ausgezahlt. Deshalb haben Sie auch keine Steuerklasse.

Sie müssen dann, wenn sie in die Nähe des Grundfreibetrages kommen bzw. diesen mit Ihren Einkünften bzw. Altersbezügen womöglich überschreiten, eine Steuererklärung abgeben. Meistens wird das Finanzamt Sie dazu auffordern. Jeder Rentner, der eine Aufforderung des Finanzamtes zur Abgabe einer Steuererklärung erhält, muss eine solche abgeben. Das gilt auch dann, wenn seine Einkünfte seiner Meinung nach unter dem Grundfreibetrag liegen.

Aber auch ohne eine solche Aufforderung sollten Sie prüfen, ob Sie nicht schon aus anderen Gründen die Pflicht zur Abgabe einer Steuererklärung trifft. Ob das der Fall ist, hängt davon ab, welche Einkünfte Sie beziehen und wie hoch das zu versteuernde Einkommen insgesamt ist.

Eine Abgabepflicht besteht generell, wenn ...

➤ Sie Arbeitslohn von verschiedenen Arbeitgebern bezogen haben, der nicht pauschal besteuert wurde und nicht als echter Minijob (450-€-Job) gilt.

➤ neben Lohnsteuerabzugseinkünften andere Einkünfte vorliegen, die einen Betrag von 410 € im Jahr überschreiten.

➤ Sie als zusammenveranlagtes Ehepaar anstelle der Steuerklassenkombination IV/IV die Kombination III/V oder das Faktorverfahren mit der Kombination IV Faktor/IV Faktor gewählt haben.

➤ ein Freibetrag beim Lohnsteuerabzug berücksichtigt worden ist und der im Kalenderjahr erzielte Arbeitslohn bestimmte jährlich neu festgelegte Grenzen übersteigt.

➤ der Arbeitgeber die Lohnsteuer für eine Abfindung oder einen sonstigen Bezug nach der Fünftelungsregelung und damit nicht nach den Regeln für den laufenden Arbeitslohn ermittelt hat.

➤ Eltern, die nicht zusammenveranlagt werden, bei einem gemeinsamen Kind eine andere als die hälftige Aufteilung eines Freibetrages für die auswärtige Ausbildung oder für einen Behindertenpauschbetrag beantragt haben.

➤ Lohnersatzleistungen von mehr als 410 € im Jahr bezogen wurden, die dem Progressionsvorbehalt unterliegen, wie z. B. Arbeitslosengeld, Krankengeld, Elterngeld.

➤ Sie keinen Wohnsitz in Deutschland haben, sich aber fiktiv als unbeschränkt steuerpflichtig behandeln lassen (siehe Kapitel 6).

➤ ein Verlustvortrag aus Vorjahren besteht.

➤ Sie einen beschränkt steuerpflichtigen Ehepartner, der im EU-Ausland lebt, in Ihren ELStAM-Daten (also den Daten Ihrer elektronischen Lohnsteuerkarte) haben eintragen lassen.

➤ Sie Arbeitnehmer sind und Ihre Ehe geschieden wurde oder Ihr Ehepartner verstorben ist und Sie im selben Jahr wieder geheiratet haben.

Wenn Sie nicht ausschließlich Arbeitslohn, sondern auch andere Einkünfte beziehen, so besteht eine Pflicht zur Abgabe einer Steuererklärung, wenn diese Einkünfte den Gesamtbetrag von 410 € im Kalenderjahr übersteigen.

Grundsätzlich müssen Rentner und Pensionäre also nur dann eine Einkommensteuererklärung abgeben und auch Steuern zahlen, wenn ihre Renteneinkünfte mitsamt den ggf. sonst noch vorhandenen weiteren Einkünften den Grundfreibetrag übersteigen. Werbungskosten, Sonderausgaben und außergewöhnliche Belastungen oder auch verrechenbare Verluste werden jedoch vorher abgezogen. Es besteht also Gestaltungsspielraum.

Haben Sie als Ruheständler neben Ihrer Rente oder Pension noch andere steuerpflichtige Einnahmen erzielt, die 410 € pro Jahr überschreiten, so müssen Sie eine Steuererklärung abgeben. Sonstige steuerpflichtige Einnahmen können z. B. aus einer selbstständigen Nebentätigkeit, aus einem Teilzeitjob, aus Vermietung und Verpachtung etc. resultieren.

Auch die Tätigkeit als Trainer oder Übungsleiter in einem Verein kann die Pflicht zur Abgabe einer Steuererklärung nach sich ziehen. Das gilt immer dann, wenn Ihre Einkünfte aus dieser Tätigkeit die sogenannte Übungsleiterpauschale von 2.400 € pro Jahr übersteigen.

Besteht eine solche Pflicht zur Abgabe der Steuererklärung, dann müssen Sie diese auch ohne Aufforderung durch das Finanzamt abgeben. Jeder muss also selbst feststellen, ob er erklärungspflichtig ist oder nicht. Wer bei bestehender Abgabepflicht keine Steuererklärung einreicht, begeht Steuerhinterziehung.

Haben Sie als Pensionär die Steuerklasse III, weil Ihr Ehegatte die Steuerklasse V hat, so sind Sie in jedem Fall zur Abgabe einer Steuererklärung verpflichtet. Bei der Steuerklasse III wird zu wenig Steuer einbehalten. Weiteres muss ein Steuerberater gegebenenfalls prüfen. Die Kosten hierfür halten sich in der Regel im Rahmen.

Da Rentner, anders als Pensionäre, nicht dem Lohnsteuerabzug unterliegen, gilt das Gesagte für Rentner nicht.

2.2 Wer über eine freiwillige Abgabe der Steuererklärung nachdenken sollte

Wer Kapitaleinkünfte bezieht (also Zinsen, Dividenden oder Kursgewinne einstreicht), muss eigentlich nicht extra deshalb eine Einkommensteuererklärung abgeben, da die Abgeltungsteuer greift. 25 % der Kapitaleinkünfte werden direkt von der Bank einbehalten und ans Finanzamt weitergeleitet. Darum muss niemand diese Einkünfte gegenüber dem Finanzamt deklarieren – der Staat erhält seine Steuern auch so. Doch lohnt sich oft eine freiwillige Abgabe – gerade bei Rentnern und Pensionären. Denn wenn der persönliche Steuersatz unter dem Abgeltungsteuersatz von 25 % liegt, dann wendet das Finanzamt auf Antrag diesen niedrigeren persönlicheren Einkommensteuersatz auf die Kapitaleinkünfte an. Diesen Antrag stellen Sie, indem Sie Ihre Steuererklärung zusammen mit der Anlage KAP abgeben. Dann erhalten Sie die zu viel gezahlte Steuer zurück.

Eine freiwillige Abgabe kann sich auch lohnen, wenn Sie es versäumt haben, der Bank einen Freistellungsauftrag zu erteilen. Ein solcher Freistellungsauftrag sorgt dafür, dass die Bank vom sogenannten Sparerpauschbetrag keine Abgeltungsteuer an den Fiskus abführt. Besagter Sparerpauschbetrag beläuft sich aktuell auf 801 € pro Jahr (bzw. 1.602 € für zusammenveranlagte Ehepaare). Allerdings dürfen die Banken diesen Sparerpauschbetrag nur dann berücksichtigen, wenn Sie das in einem sogenannten Freistellungsauftrag auch so verfügt haben. Haben Sie das versäumt, dann führt die Bank gleich vom ersten Euro an Abgeltungsteuer auf Ihre Kapitalerträge ans Finanzamt ab. Durch eine freiwillige Abgabe der Steuererklärung mitsamt der Anlage KAP holen Sie sich dann die zu viel gezahlten Steuern wieder zurück – nämlich die Steuern, die auf den Sparerpauschbetrag entfallen. Wie hoch der Sparerpauschbetrag seit dem Jahr 2009 ist, zeigt Ihnen Tabelle 6.

	Einzelpersonen (auch einzeln veranlagte Ehepartner)	Ehepaare (zusammenveranlagt)
Sparerpauschbetrag	801 €	1.602 €

Tabelle 6: Der Sparerpauschbetrag im Überblick

Eine freiwillige Abgabe der Steuererklärung lohnt sich auch für manche Pensionäre:

Haben Sie etwa als Pensionär, dessen Pension dem Lohnsteuerabzug unterliegt, die Steuerklasse I/IV, lohnt sich häufig die Abgabe einer Einkommensteuererklärung, wenn höhere Werbungskosten, Verluste aus Vermietung, hohe Kapitaleinkünfte, von denen Kapitalertragsteuer einbehalten worden ist, Sonderausgaben oder außergewöhnliche Belastungen vorliegen.

Haben Sie als Pensionär in der Steuerklasse IV für Ihren Lohnsteuerabzug von der Möglichkeit des sogenannten Faktorverfahrens Gebrauch gemacht, entspricht in der Regel die einbehaltene Lohnsteuer der Jahreseinkommensteuer. Das gilt zumindest dann, wenn Sie als Pensionär ausschließlich Einkünfte aus der Pension erzielen, sodass die Abgabe einer Einkommensteuererklärung nicht erforderlich ist.

Wenn Sie als Pensionär die Steuerklasse IV und nicht IV Faktor haben, sollten Sie auf jeden Fall eine Steuererklärung abgeben, obwohl Sie nicht dazu verpflichtet sind. Denn in der Regel erwartet Sie dann eine Steuererstattung.

2.3 Ein Wort zu den Abgabefristen

Wichtig ist es für jeden Ruheständler, die Steuererklärung innerhalb der vorgegebenen Fristen abzugeben. Das gilt zum einen, wenn das Finanzamt Sie per Brief zur Abgabe aufgefordert hat. Es gilt aber auch dann, wenn sich die Pflicht zur Abgabe aus anderen Umständen ergibt.

Die Einkommensteuererklärung muss bis Ablauf des Monats Mai im Folgejahr beim Finanzamt sein, also jeweils bis zum 31. Mai des Jahres, das auf das Steuerjahr folgt. Ab 2019 gelten aufgrund einer Gesetzesänderung längere Fristen.

Auf Antrag ist eine Fristverlängerung möglich. Bearbeitet ein Steuerberater oder Lohnsteuerhilfeverein die Steuererklärung, gilt eine automatische Fristverlängerung bis zum 31. Dezember des Folgejahres (ab 2019 nach neuem Recht dann sogar bis zum 28. Februar des darauffolgenden Jahres).

Sind Sie als Rentner einmal zur Abgabe aufgefordert worden, müssen Sie dann im nächsten Jahr ohne Aufforderung erneut eine Steuererklärung abgeben. Das dürfen Sie nicht vergessen, da Sie sonst angemahnt werden.

Wichtig: Alte Bescheinigungen über nicht vorhandene Abgabepflicht sind hinfällig

Falls Sie als Rentner je vor dem Jahr 2005 einmal eine Mitteilung des Finanzamtes erhalten haben sollten, dass Sie nicht zur Abgabe einer Steuererklärung verpflichtet seien, so ist diese Mitteilung zwischenzeitlich durch die Änderung des Alterseinkünftegesetzes hinfällig geworden. Es kann also durchaus sein, dass Sie eine Steuererklärung abgeben müssen.

Die Fristen sollten Sie unbedingt einhalten, da sonst das Finanzamt die steuerpflichtigen Einkünfte schätzt. Das kann zu hohen Steuernachzahlungen führen. Diese mögen unberechtigt sein, jedoch werden sie bestandskräftig und damit unabänderbar, wenn Sie gegen den Schätzbescheid nicht vorgehen, also Einspruch einlegen oder innerhalb der Einspruchsfrist doch noch eine Steuererklärung für das betreffende Jahr einreichen. Der Schätzbescheid entbindet Sie zudem nicht von der Pflicht zur Abgabe einer Steuererklärung. Überdies können abhängig von der Höhe der Nachzahlungen Verspätungszuschläge oder bei Nichtabgabe der Steuererklärung sogar Zwangsgelder festgesetzt werden.

2.4 In dieser Form muss die Steuererklärung abgegeben werden

Grundsätzlich sind Steuererklärungen auf amtlichem Vordruck abzugeben. Sie können sowohl elektronisch als auch schriftlich eingereicht werden. Das Finanzamt bevorzugt jedoch die elektronische Abgabe. In der Regel werden elektronische Steuererklärungen auch schneller bearbeitet. Die elektronische Abgabe erfolgt mithilfe des Programms ELSTER, das kostenlos auf www.elster.de heruntergeladen werden kann. Dazu ist allerdings ein Internetanschluss erforderlich.

Die Steuererklärung kann in Papierform nur auf den amtlichen Vordrucken abgegeben werden. Die Formulare erhalten Sie auf Anforderung beim zuständigen Wohnsitz-Finanzamt oder auch im Internet auf den Seiten Ihres Finanzamtes zum Download. Alternativ finden Sie diese auf www.formulare-bfinv.de, der Formularseite des Bundesfinanzministeriums.

Als Rentner sollten Sie darauf achten, dass Sie die Anlage R erhalten bzw. zusammen mit den anderen benötigten Anlagen herunterladen. Welche Anlagen Sie sonst noch brauchen, ergibt sich vor allem aus der Art Ihrer Einkünfte.

3. WELCHE RENTEN IN DER STEUERERKLÄRUNG BERÜCKSICHTIGT WERDEN MÜSSEN – UND WELCHE NICHT

Die Frage, welche Renten überhaupt in der Einkommensteuererklärung berücksichtigt werden müssen, beantwortet das Gesetz. Es gibt steuerpflichtige und steuerfreie Renten.

3.1 Steuerpflichtige Renten

Bei den steuerpflichtigen Renten können Sie es sich leicht machen und sich am amtlichen Formular für Renten in der Einkommensteuer, der sogenannten Anlage R, entlanghangeln, anstatt einen Blick ins Einkommensteuergesetz zu werfen.

Zusammenfassend lassen sich – siehe Tabelle 7 – drei Gruppen von Renten unterscheiden, die steuerlich ganz unterschiedlich behandelt werden.

Gruppe 1: Basisversorgung	Gruppe 2: Geförderte Altersversorgung	Gruppe 3: Leibrenten und andere Leistungen, die nicht zu Gruppe 1 oder 2 gehören
– Gesetzliche Rentenversicherung – Landwirtschaftliche Alterskassen – Berufsständische Versorgungseinrichtungen – Rürup-Renten (private Rentenversicherungen, die der Basisversorgung entsprechen)	– Leistungen aus privaten Altersvorsorgeverträgen – Kapitalgedeckte betriebliche Altersversorgungen, wie z.B. Pensionskassen, Pensionsfonds, Direktversicherungen, soweit diese staatlich gefördert wurden, entweder durch Sonderausgabenabzug (sog. Riester-Rente) oder durch Steuerbefreiung (Direktversicherung).	– Leibrenten (Renten, auf die ein Leben lang ein Anspruch besteht) – Andere Leistungen, die weder zur Basisversorgung noch zur geförderten Altersversorgung gehören. – Das sind z. B. private Rentenversicherungsverträge, deren Laufzeit vor dem 1. Januar 2005 begonnen hat, private Rentenversicherungen, die nach dem 31. Dezember 2004 abgeschlossen wurden und die ein Kapitalwahlrecht oder einen Beginn der Rente vor Vollendung des 60. Lebensjahrs/ für Verträge nach dem 31. Dezember 2011 vor Vollendung des 62. Lebensjahrs vorsehen.

Tabelle 7: Steuerliche Einteilung der unterschiedlichen Rentenarten in drei Gruppen

Zur Gruppe 1: Das Rentenformular sieht zunächst einmal die Altersrente aus den gesetzlichen Rentenversicherungen als Renten im steuerlichen Sinne an. Am häufigsten treten – neben Pensionen – sicherlich die

Renten aus der gesetzlichen Rentenversicherung, der Deutschen Rentenversicherung, auf. Die klassischen Altersrenten der Arbeitnehmer werden von der Deutschen Rentenversicherung, kurz DRV gezahlt. In der Deutschen Rentenversicherung zusammengefasst sind die frühere BfA (Bundesversicherungsanstalt für Angestellte) und LVA (Landesversicherungsanstalt) mit ihren Renten. Daneben gibt es auch die Rente der Knappschaft-Bahn-See, der sogenannten Knappschaftsversicherung.

Auch Selbstständige können freiwillig in die deutsche Rentenversicherung einzahlen. Zum Teil sind diese, wie z. B. Hebammen, sogar auch als Selbstständige gesetzlich versicherungspflichtig. Auch manche selbstständige Handwerker, Künstler, Publizisten, Schriftsteller oder selbstständige Lehrer, die etwa an einer Volkshochschule tätig sind, können pflichtversichert sein. Auch sie beziehen dann eine Rente aus der Deutschen Rentenversicherung, die als gesetzliche Rente zählt. Es spielt keine Rolle, aus welchem Grund vor dem Rentenbezug in die gesetzliche Rentenversicherung eingezahlt wurde.

Mit anderen Worten: Für die Rentenbesteuerung macht es keinen Unterschied, ob jemand freiwillig oder gezwungenermaßen in die gesetzliche Rentenversicherung einzahlt bzw. eingezahlt hat.

Zu den Renten im steuerlichen Sinne gehören nicht nur die reguläre Altersrente, sondern auch Witwen-, Witwerrente, Waisenrente, Bergmannsrente, Knappschaftsrente sowie Erwerbsminderungs- und Berufsunfähigkeitsrente. All dies sind die Klassiker beim Rentenbezug. Gesetzliche Renten unterscheiden sich von den Pensionen der Beamten dadurch, dass sie bis einschließlich 2004 nicht bzw. kaum besteuert wurden. Dagegen unterlagen die Pensionen aus einem ehemaligen Beamtenverhältnis sehr wohl der Besteuerung. Pensionäre erziel(t)en Einkünfte, als ob sie noch weiterhin arbeiten würden.

Zu dieser ersten Gruppe zählen auch gesetzliche Hinterbliebenen- und Erwerbsminderungsrenten. Daneben gehören die Renten aus der landwirtschaftlichen Alterskasse, den berufsständischen Versorgungseinrichtungen und die eigenen kapitalgedeckten Leibrentenversicherungen (Rürup-Renten) dazu. Für die Zuordnung der Rente aus gesetzlicher Rentenversicherung spielt es auch keine Rolle, seit wann diese Rente ge-

zahlt wird. Besonderheiten hinsichtlich der Besteuerung ergeben sich jedoch bei Berufsunfähigkeits- und Erwerbsminderungsrenten.

Exkurs: Die steuerliche Situation bei Berufsunfähigkeits- und Erwerbsminderungsrenten

Bis einschließlich 2004 galten Erwerbsminderungs- und Berufs-
unfähigkeitsrenten aus der gesetzlichen Rentenversicherung, die
mit Erreichen der entsprechenden Altersrente in eine reguläre
Altersrente übergingen, als sogenannte abgekürzte Leibrente. Sie
wurden regelmäßig mit einem besonders günstigen Ertragsanteil
von nur wenigen Prozent besteuert.

Auch für diese Renten gilt jedoch seit dem Jahr 2005 die nachgelagerte Besteuerung. Entsprechend ergibt sich für solche Rentner
durch den Übergang eine starke Erhöhung der zu zahlenden Steuern. Wer eine Berufsunfähigkeits- oder Erwerbsminderungsrente
bezieht, erhält diese ja nicht, weil er sie erhalten will, sondern weil
er nicht mehr in der Lage ist zu arbeiten. Die betreffenden Personen werden durch die nachgelagerte Besteuerung besonders hart
getroffen, da die Renten in der Regel niedriger sind als eine reguläre Rente. Mit dem neuen Gesetz der Besteuerung der Alterseinkünfte
künfte wurden Alters- und Erwerbsminderungsrente in der Besteuerung gleichgestellt. Auch hier gilt die Übergangsregelung.

Welche Steuerregeln für die Renten aus Gruppe 1 genau gelten, können Sie in Abschnitt 4.1 nachlesen.

Zur Gruppe 2: Die in der zweiten Spalte der Tabelle 7 aufgeführt-
ten Renten stammen aus der geförderten Altersversorgung. Diese Altersversorgung unterliegt ohne Freibetrag voll der Besteuerung. Das
gilt, soweit die ursprünglichen Einzahlungen steuerlich gefördert
worden sind wie zum Beispiel bei einer Riester-Rente oder Direkt-
versicherung. Hier gibt es keinen weiteren Freibetrag.

Beruhen die Rentenbeiträge auf zum Teil geförderten und zum Teil nicht geförderten Beiträgen, sind diese Renten entsprechend ihren Beiträgen aufzuteilen. Das ist beispielsweise bei Direktversicherungen der Fall, in die ein Arbeitnehmer nach einem Wechsel des Arbeitgebers aus eigener Tasche weiter einzahlt. Solange der Arbeitgeber noch eingezahlt hatte, geschah dies aus dem Bruttolohn (gefördert: aus unversteuertem Einkommen). Als der Arbeitnehmer dann die Einzahlungen übernahm, leistete er sie aus den Nettolohn (nicht gefördert: versteuertes Einkommen). Von der Aufteilung hängt dann wiederum die steuerliche Behandlung ab. Die Aufteilungsbeträge können bei den Rentenversicherungsträgern bzw. Versicherungsunternehmen erfragt werden. In der Regel ist diese Information auch in den entsprechenden Rentenbeitragsbescheinigungen enthalten. Näheres dazu finden Sie in Abschnitt 4.2.

Zur Gruppe 3: Die in der dritten Spalte enthaltenen Leibrenten und andere Leistungen, die weder zur Basisversorgung noch zu den geförderten Altersversorgungen gehören, werden nur mit dem Ertragsanteil besteuert. Das heißt, nur der Ertrag, der aus dem Rentenrecht hergeleitet wird, unterliegt der Besteuerung. Dieser Ertragsanteil wird ermittelt aus der voraussichtlichen Laufzeit der Rente, die sich nach dem Beginn des Rentenbezugs und der durchschnittlichen Lebenserwartung zu diesem Zeitpunkt richtet. Je früher die Rente beginnt, umso höher ist der Ertragsanteil. Je später die Rente beginnt, desto niedriger ist der Ertragsanteil. Näheres dazu erfahren Sie in Abschnitt 4.3.

3.2 Steuerfreie Renten

Grundsätzlich sind Pensionen und gesetzliche Renten steuerpflichtig. Allerdings gibt es auch bestimmte Renten und Zuwendungen, die steuerfrei bleiben. Doch selbst Zahlungen, die steuerfrei sind, müssen Sie unter Umständen in der Einkommensteuererklärung angeben. Denn womöglich führen sie über den sogenannten Progressionsvorbehalt zu einem höheren Steuersatz, auch wenn sie selbst nicht besteuert werden. Das heißt: Solche Bezüge werden zur Ermittlung des Steuersatzes herangezogen, der Steuersatz wird dann aber nur auf die übrigen Einnahmen angewandt.

Von der Steuer verschont und damit steuerfrei bleiben:

➤ Renten und Kapitalabfindungen aus der gesetzlichen Unfallversicherung oder von Berufsgenossenschaften gezahlte Unfall- und Berufsunfähigkeits- bzw. Erwerbsminderungsrenten, Sterbegelder, Unfallversicherungsrenten aus der gesetzlichen Rentenversicherung, Renten aus ausländischen gesetzlichen Unfallversicherungen, Renten an Wehr- und Zivildienstbeschädigte, Kriegsgeschädigten-Renten, Schadensersatzrenten, Schmerzensgeldrenten, die nicht als Ersatz für entgangene Einnahmen gezahlt werden, Contergan-Renten. Renten aus der gesetzlichen Unfallversicherung unterliegen auch nicht dem Progressionsvorbehalt nach § 32b EStG.
➤ Renten zur Wiedergutmachung von nationalsozialistischem Unrecht.
➤ Leistungen für Kindererziehung an Mütter der Geburtsjahrgänge vor 1921 in den alten Bundesländern und der Geburtsjahrgänge vor 1927 in den neuen Bundesländern.
➤ Beitragserstattungen.
➤ Abfindungen an Witwen oder Witwer nach § 107 SGB VII wegen Wiederheirat.
➤ Kinderzuschüsse zur Altersrente sowie den Renten wegen Berufs- oder Erwerbsunfähigkeit für Altrenten vor 1984. Für entsprechende Renten ab 1984 gibt es keine Kinderzuschüsse mehr.
➤ Renten für Wehr- und Zivildienstbeschädigte oder ihre Hinterbliebenen, Kriegsbeschädigte, Kriegshinterbliebene oder ihnen gleichgestellten Personen, wenn sie aufgrund gesetzlicher Vorschriften zwecks Versorgung aus öffentlichen Mitteln gezahlt werden.
➤ Bedarfsorientierte Grundsicherung im Alter und bei Erwerbsminderung nach dem Grundsicherungsgesetz.
➤ Andere Sozialhilfeleistungen.
➤ Lotterie-Renten, die von einer öffentlichen Lotterie ausgelobt wurden.

Diese Bezüge müssen Sie nicht in der Einkommensteuererklärung angeben. Denn die oben genannten Leistungen unterliegen nicht dem Progressionsvorbehalt.

4. Im Detail: Die verschiedenen Rentenarten und ihre Besteuerung

Renten und Pensionen werden zum aktuellen Zeitpunkt noch unterschiedlich behandelt, Pensionen sind voll steuerpflichtig, Renten nur teilweise. Die Übergangsregelung bis zur ebenfalls vollen Besteuerung von Renten hält noch bis 2040 an. Man spricht hier von einer nachgelagerten Besteuerung, weil die Renten erst in der Auszahlungsphase der Steuer unterworfen werden und dafür die Einzahlungen steuerbefreit sind.

Sie haben es bereits in Tabelle 7 gesehen und in Kapitel 3 gelesen: Renten werden laut Einkommensteuergesetz (EStG) im Wesentlichen in drei Gruppen eingeteilt. Hier noch einmal in aller Kürze, was diese Gruppen ausmacht:

➤ Die **erste Gruppe** ist die Basisversorgung (§ 22 Nr. 1 Satz 3 aa EStG). Zu dieser Gruppe gehören Leistungen aus der sogenannten Basisversorgung. Es handelt sich dabei um gesetzliche Rentenversicherungen, landwirtschaftliche Alterskassen, berufsständische Versorgungseinrichtungen sowie Rürup-Renten. Letzteres sind private Rentenversicherungen, die der Basisversicherung entsprechen, obwohl sie privater Natur sind.

➤ Die **zweite Gruppe** sind die geförderten Altersversorgungen (§ 22 Nr. 5 EStG), dazu gehören Leistungen aus privaten Altersvorsorgeverträgen und aus kapitalgedeckten betrieblichen Altersversorgungen. Dazu gehören z. B. Pensionsfonds, Pensionskassen und Direktversicherungen, soweit diese staatlich gefördert wurden. Das kann entweder – wie bei der Riester-Rente – durch Zulagen bzw. steuerliche Vergünstigungen geschehen sein oder durch eine Steuerbefreiung während der Einzahlungsphase.

➤ Zur **dritten Gruppe** gehören Leibrenten und andere Leistungen, die nicht zur ersten und zweiten Gruppe gehören (§ 22 Nr. 1

Satz 3 A bb). Dabei handelt es sich vor allem um Renten auf Lebenszeit und andere Leistungen, die weder der Basisversorgung entsprechen noch zu den geförderten Altersversorgungen gehören. Dass sind vor allem private Rentenversicherungen, die vor dem 1. Januar 2005 abgeschlossen wurden. Ebenfalls gehören dazu private Rentenversicherungsverträge, die nach dem 31. Dezember 2004 abgeschlossen wurden und bei denen die Auszahlung vor Vollendung des 60. Lebensjahres (bei Rentenbeginn ab 2012: des 62. Lebensjahres) vorgesehen ist oder ein Kapitalwahlrecht besteht (also eine Option, die Auszahlung in einer Summe zu erhalten). Auch Verträge nach dem 31.12.2011 sind betroffen, wenn diese ein Kapitalwahlrecht haben oder der Beginn der Rente vor Vollendung des 62. Lebensjahres liegt.

Wie bereits erwähnt ist die Besteuerung der einzelnen Gruppen unterschiedlich. In den folgenden Abschnitten finden Sie nähere Erläuterungen dazu.

4.1 Besteuerung der Basisversorgung (erste Gruppe)

Die Besteuerung der **ersten Gruppe** wird derzeit durch die Übergangsregelung bis zum Jahr 2040 in die vollständige nachgelagerte Besteuerung überführt. Das heißt: Die betreffenden Renten werden noch mit einem einmaligen, bereits erwähnten Rentenfreibetrag versehen. Nur der Teil der Rente, der über diesem Freibetrag liegt, wird besteuert. Wie hoch der Freibetrag ist, das hängt vom Jahr des Rentenbeginns ab. Der Freibetrag (zunächst nur ein bestimmter Prozentsatz des Einkommens) wird dann anhand der Rentenzahlung im Folgejahr ermittelt und endgültig festgeschrieben. Tabelle 8 zeigt: Je später der Rentenbeginn, desto niedriger ist der steuerfreie Anteil der Rente.

Jahr	Zu versteuernde Rente	Steuerfreie Rente
2005	50 %	50 %
2006	52 %	48 %
2007	54 %	46 %
2008	56 %	44 %
2009	58 %	42 %
2010	60 %	40 %
2011	62 %	38 %
2012	64 %	36 %
2013	66 %	34 %
2014	68 %	32 %
2015	70 %	30 %
2016	72 %	28 %
2017	74 %	26 %
2018	76 %	24 %
2019	78 %	22 %
2020	80 %	20 %
2021	81 %	19 %
2022	82 %	18 %
2023	83 %	17 %
2024	84 %	16 %
2025	85 %	15 %
2026	86 %	14 %
2027	87 %	13 %
2028	88 %	12 %
2029	89 %	11 %
2030	90 %	10 %
2031	91 %	9 %
2032	92 %	8 %
2033	93 %	7 %
2034	94 %	6 %

Jahr	Zu versteuernde Rente	Steuerfreie Rente
2035	95 %	5 %
2036	96 %	4 %
2037	97 %	3 %
2038	98 %	2 %
2039	99 %	1 %
2040	100 %	0 %

Tabelle 8: Steuerpflichtige und steuerfreie Rente (in Abhängigkeit vom Jahr des Rentenbeginns)

Sie sehen: Bis zum Jahr 2040 sinkt der steuerfreie Rentenanteil schrittweise auf null. Das bedeutet: Personen, deren Rentenauszahlung innerhalb dieses Übergangszeitraums beginnt, müssen nur denjenigen Teil ihrer Rente versteuern, der übrig bleibt, wenn man von ihrer gesamten Rente den Rentenfreibetrag abzieht. Dieser Teil heißt Besteuerungsanteil. Der Rentenfreibetrag bleibt dagegen steuerfrei. Das lässt sich auch grafisch verdeutlichen, wie Abbildung 4 zeigt:

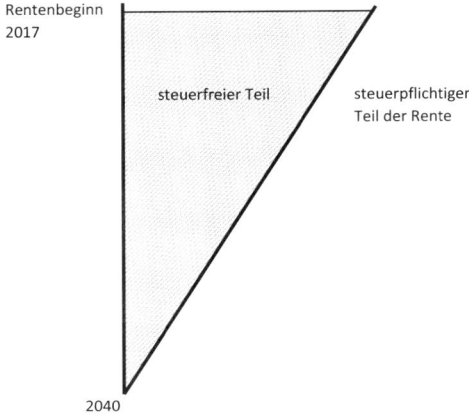

Rentenbeginn 2017

steuerfreier Teil

steuerpflichtiger Teil der Rente

2040

Abbildung 4: Steuerfreier und steuerpflichtiger Teil der Rente in Abhängigkeit vom Rentenbeginn

Hinweis: Allerdings wird bei der Rentenanpassung bzw. Rentenerhöhung nach dem Folgejahr des Rentenbeginns der Freibetrag nicht neu berechnet. Das bedeutet, dass diese und auch jede weitere Rentenerhöhung voll der Steuer unterliegt.

Unplanmäßige Rentenanpassungen nach oben oder unten führen allerdings sehr wohl zur Neuberechnung des Freibetrages. Eine unplanmäßige Rentenerhöhung bzw. Rentenminderung liegt dann vor, wenn die Rente wegen einer Anrechnung anderer Einkünfte neu festgesetzt wird.

Die reguläre Rentenerhöhung führt hingegen nicht zu einer Erhöhung des Freibetrages. Die Erhöhung unterliegt damit der vollen Besteuerung.

Sie haben es bereits gelesen: Die Höhe des Besteuerungsanteils richtet sich nach dem Kalenderjahr des Rentenbeginns. Der entsprechende Freibetrag wird dann aber auf Basis der gezahlten Rentenbeträge des Folgejahres berechnet.

Der steuerfreie Teil der Rente bleibt wie erwähnt grundsätzlich für die gesamte weitere Laufzeit der Rente unverändert. Er wird einmalig während der laufenden Übergangszeit bei Renteneintritt ermittelt und festgeschrieben. Maßgeblich für den prozentualen steuerfreien Anteil ist das Jahr des Rentenbeginns. Endgültig festgeschrieben wird der Freibetrag mit diesem Prozentsatz jedoch erst aufgrund der gesamten Rentenzahlung im Folgejahr. Damit wird eine Rentenerhöhung, die sich zufällig im Folgejahr nach Rentenbeginn ereignet, in den Freibetrag einbezogen. Die weiteren Rentenerhöhungen, die auf regelmäßigen zukünftigen Rentenanpassungen beruhen, unterliegen dann der vollen Besteuerung. Das gilt auch während des Übergangszeitraumes, in dem die Renten ja eigentlich nur teilweise besteuert werden.

Immer wenn die Rente jedoch unplanmäßig angepasst wird (dies gilt für Erhöhungen genauso wie für Senkungen), ist das Finanzamt verpflichtet, den Rentenfreibetrag neu zu berechnen. Das kann vor allem dann passieren, wenn die Rente neu festgesetzt wird, da andere Einkünfte angerechnet werden. Recht häufig ist das etwa bei Witwen-

oder Erwerbsminderungsrenten der Fall. Bei einer reinen Altersrente kommt dies dagegen so gut wie nie vor.

Ab 2040 gibt es keinen Rentenfreibetrag mehr. Ruheständler, deren Rente erst 2040 oder später beginnt, müssen ihre Rente voll versteuern. Damit entfällt der Rentenfreibetrag, und die gesamte in einem Jahr gezahlte Rente unterliegt der Einkommensteuer, wenn der Grundfreibetrag damit überschritten wird. Dies wird bei den meisten Rentnern der Fall sein.

Der Freibetrag wird für das erste Rentenjahr festgestellt und auf Basis der Rentenzahlungen im Folgejahr für die Zukunft in Euro festgeschrieben. Es wird somit immer nur der Rentenfreibetrag aus dem ersten vollen Rentenzahlungsjahr von der erhaltenen Rente abgezogen. Daraus folgt, dass spätere Rentenerhöhungen stets in voller Höhe steuerpflichtig sind. Von den weiteren Rentenerhöhungen streicht der Staat gleichzeitig die Steuer ein. Dadurch wirken sich Rentenerhöhungen längst nicht in dem Maße aus, wie sie von der deutschen Rentenversicherung angekündigt werden. Unterm Strich holt sich der Staat einen Teil der Erhöhung gleich wieder in Form von Einkommensteuern zurück.

Beispiel 1: Rentner R erhält eine monatliche Rente von 1.600 €. Seine Rente beläuft sich damit auf 19.200 € im Jahr. Er ist seit Januar 2017 Rentner. Er muss daher 74 % seiner Rente versteuern. 24 % bleiben als Rentenfreibetrag steuerfrei. Das sind 4.608 €. Die Werbungskostenpauschale und die Pauschale für Sonderausgaben werden noch abgezogen. Weitere Einnahmen hat R nicht. Der zu versteuernde Anteil der Rente in Höhe von 14.592 € liegt auch deutlich über dem Grundfreibetrag von 8.820 € (2017), sodass er steuerpflichtig ist. Er muss eine Einkommensteuererklärung abgegeben und Steuern zahlen. Sein einmal ermittelter Rentenfreibetrag bleibt für die nächsten Jahre festgeschrieben.

Wird R erst im Laufe des Jahres Rentner, erfolgt die Berechnung des Freibetrages für dieses Jahr mit dem entsprechenden Prozentsatz auf die im Folgejahr gezahlten Renten.

Beispiel 2: R erhält erstmalig im Juli 2017 die monatliche Rente in Höhe von 1.600 €. Der Freibetrag wird in 2017 aufgrund der gezahlten Rente von 6 x 1.600 € = 9.600 € berechnet. In 2017 sind damit 24 % von 9.600 €, somit 2.304 € steuerfrei. R liegt damit unter dem Grundfreibetrag von 8.820 € und muss für 2017 keine Einkommensteuer zahlen. Der Freibetrag wird endgültig auf Basis der Rentenzahlungen im Folgejahr nach Renteneintritt festgeschrieben. Maßgeblich sind hier also die Rentenzahlungen 2018.

Es kann passieren, dass in besagtem Folgejahr (in Falle von Rentner R: 2018) eine Rentenerhöhung erfolgt. Diese wird dann noch in die Berechnung des Freibetrages einbezogen.

Beispiel 3: Angenommen, Rentner R bekommt im Januar 2017 erstmalig Rente in Höhe von 1.400 € monatlich. Im Juli 2018 wird die Rente auf 1.450 € erhöht. R bekommt also in 2018 eine Jahresrente in Höhe von 6 x 1.400 € = 8.400 € zuzüglich 6 x 1.450 € = 8.700 €, insgesamt also 17.100 €.
Die Jahresrente für 2018 beläuft sich damit auf 17.100 €, aufgrund der Erhöhung, die ab Juli 2018 wirksam wird. Davon sind 24 %, also 4.104 € steuerfrei. Dieser Freibetrag wird auch für die künftigen Jahre jeweils auf 4.104 € festgeschrieben, selbst wenn aufgrund einer weiteren Rentenerhöhung R ab Juli 2019 monatlich 1.500 € Rente bekommt und damit im Jahr 2019 insgesamt 18.000 €.

Das zeigt: Jede spätere Rentenerhöhung unterliegt dann voll der Einkommensteuer. Der Freibetrag erhöht sich danach nicht noch einmal. Der Freibetrag wird dann für den Rest der Rentenlaufzeit festgeschrieben. Eine Rentenerhöhung ab dem zweiten Jahr nach Beginn der Rentenzahlung fällt somit voll in die Besteuerung, wie das vierte Beispiel zeigt:

Beispiel 4: Rentner R bekommt irgendwann im Verlauf des Jahres 2017 erstmalig Rente. Die Jahresrente für 2018 beläuft sich auf 16.800 €. Davon sind 24 %, also 4.032 € steuerfrei. Dieser Freibetrag wird auch für die Folgejahre jeweils auf 4.032 € festgeschrieben, selbst wenn R im Juli 2019 eine Rentenerhöhung bekommt. Gleiches gilt für alle folgenden regelmäßigen Rentenerhöhungen.

Einige Rentner, deren steuerpflichtiger Teil der Rente abzüglich aller Werbungskosten, Sonderausgaben und außergewöhnlichen Belastungen gerade noch unter dem Grundfreibetrag liegt, können somit durch weitere Rentenerhöhungen in die Steuerpflicht geraten. Sie müssen dann Einkommensteuer zahlen und auch jährlich eine Steuererklärung abgeben.

Rentenanpassungsbetrag: Wann der Rentenfreibetrag neu berechnet wird

Rentenerhöhungen unterliegen der Einkommensteuer. Sie ändern am eigentlichen Rentenfreibetrag, der festgeschrieben wird, nichts. Es kann jedoch vorkommen, dass die Rente aus besonderen Gründen neu berechnet werden muss, das gilt vor allem bei Witwen-, Berufsunfähigkeits- und Erwerbsminderungsrenten. Diese Neuberechnung kann dann zu einer Änderung des Freibetrages führen. In der Regel handelt es sich bei dieser Änderung um eine Erhöhung.

Solche besonderen Gründe für eine Neuberechnung, die dann zu einer Änderung der Rente führen, können dann vorliegen, wenn ...

➤ sich die Rentenhöhe aufgrund von Anrechnung weiterer Einkünfte ändert. Dieses ist z. B. bei Witwen- oder Erwerbsminderungsrenten der Fall, weil Arbeitseinkommen aufgrund einer neuen Beschäftigung angerechnet wird. Auch eine Änderung beim Hinzuverdienst kann das bewirken, etwa wenn der betreffende Rentner statt einer Teilzeit- plötzlich einer Vollzeitbeschäftigung nachgeht oder umgekehrt. (Ein Hinweis: Bei der Altersrente spielt der Hinzuverdienst dagegen keine Rolle, er wird nicht auf die Rente angerechnet).

➤ sich die Rente aufgrund einer Neuberechnung verändert, da bei einem Rechtsstreit festgestellt wurde, dass die Rente falsch berechnet worden ist oder dass bestimmte Zeiten im Rentenverlauf nunmehr doch berücksichtigt werden müssen und sich die Rente dadurch erhöht.

Der neue Rentenfreibetrag wird dann wie folgt berechnet:

Neuer Freibetrag = (Neuer Rentenjahresbetrag – regelmäßige Rentenerhöhung): durch ursprünglichen Rentenjahresbetrag x bisherigen Rentenfreibetrag.

Die Änderungen müssen in der Steuererklärung vermerkt werden. In der Anlage R gibt es eine Zeile, in der das einzutragen ist (Zeile 6). Hier wird die Rentenänderung entsprechend vermerkt und dann der Freibetrag angepasst.

Die Daten dazu werden in den jährlichen Bescheiden und Mitteilungen der Rentenversicherung angegeben. In den Rentenanpassungsmitteilungen steht dann entsprechend die Rentenanpassung bzw. auch sonstige Anpassung der Rente. Damit kann dann der geänderte Rentenfreibetrag neu ermittelt werden. Diese Belege sollten Sie unbedingt der Steuererklärung beifügen, auch wenn die Rentenversicherung sie zugleich auf elektronischem Wege ans zuständige Finanzamt übermittelt.

Besonders häufig kommt es bei Witwenrenten zu einer solchen Neuberechnung. Denn es kann immer wieder vorkommen, dass sich der Hinzuverdienst ändert und sich durch Anrechnung auf die Rentenhöhe auswirkt.

Ebenso ist eine solche Neuberechnung aber auch bei Berufsunfähigkeits- und Erwerbsminderungsrenten anzutreffen. Zum Hintergrund: Die Berufsunfähigkeitsrente wurde durch die Erwerbsminderungsrente ersetzt. Wird die Erwerbsminderungsrente durch einen Hinzuverdienst gekürzt, verändert sich auch der einmal festgeschriebene steuerfreie Betrag der Rente.

Beispiel: R erhält seit 2017 eine Erwerbsminderungsrente in Höhe von ursprünglich monatlich 1.500 € (18.000 € im Jahr). R nimmt zum 1. Januar 2018 eine Teilzeitbeschäftigung auf. Die Erwerbsminderungsrente wurde deswegen auf die Hälfte gekürzt. Entsprechend vermindert sich der steuerfreie Betrag um die Hälfte. Auch ein etwaiger steuerpflichtiger Anpassungsbetrag aufgrund einer Rentenerhöhung vermindert sich dann entsprechend um die Hälfte.

Es ist dann auch jeweils nur der hälftige Betrag in die Anlage R der Einkommensteuererklärung einzutragen. Zu den Renten aus der landwirtschaftlichen Alterskasse gehören nicht nur die eigentlichen Renten, sondern auch weitere Leistungen, die neben der reinen Altersversorgung durch die Kasse erbracht werden. Das sind vor allem Betriebshilfen und Überbrückungsgelder zur Aufrechterhaltung des Betriebs in bestimmten Notfällen, wie z. B. Hilfen während und nach einer Reha-Maßnahme, Betriebshilfen bei Schwangerschaft, Betriebshilfen wegen Kur oder Tod des Landwirts sowie Überbrückungsgelder an die Witwe nach dem Tod des Landwirts.

Sonderfall Öffnungsklausel: vor allem bei berufsständischen Renten wichtig

Aufgepasst, wenn Sie etwa als Anwalt, Arzt oder sonstiger Selbstständiger bis zum 31. Dezember 2004 Beiträge in ein berufsständisches Versorgungswerk eingezahlt haben. Denn häufig haben Sie weitaus mehr eingezahlt als das, was Sie als normaler Arbeitnehmer höchstens hätten in die gesetzliche Rentenversicherung einzahlen müssen. Den überschießenden Teil der Beiträge haben Sie üblicherweise aus bereits versteuertem Einkommen geleistet. Und genau hier liegt das Problem: Denn die Anwendung des normalen Rentenfreibetrags wäre für Sie ungerecht: Eine Besteuerung sowohl der ins Versorgungswerk *eingezahlten* Beiträge als auch der *ausgezahlten* Renten wäre für Sie eine steuerliche Doppelbelastung. Die aber lässt sich vermeiden.

Für die entsprechenden Ruheständler gibt es im Übergangszeitraum zur nachgelagerten Besteuerung eine sogenannte Öffnungsklausel. Sie sorgt dafür, dass Sie in dieser speziellen Situation von einem Mix aus alter und neuer Rentenbesteuerung profitieren. Wenn Ihre Renteneinkünfte gemäß der Öffnungsklausel besteuert werden, dann werden sie in einen freiwilligen und in einen gesetzlichen Teil aufgeteilt. Der freiwillige Teil muss dann nur mit dem Ertragsanteil versteuert werden (siehe Tabelle 9 auf Seite 55/56).

Die Versteuerung gemäß der Öffnungsklausel muss in der Anlage R der Einkommensteuererklärung beantragt werden. Möglich ist das, wenn bis zum 31. Dezember 2004 mindestens zehn Jahre lang Beiträge gezahlt wurden, die über dem Höchstbetrag zur gesetzlichen Rentenversicherung liegen. Besagte zehn Jahre müssen nicht zusammenhängen, sondern es müssen nur insgesamt zehn Jahre vor dem 31. Dezember 2004 zusammenkommen.

Den Nachweis gegenüber dem Finanzamt müssen Sie erbringen, aber das ist in der Regel kein Problem: Der Versorgungsträger (also beispielsweise das berufsständische Versorgungswerk) stellt Ihnen eine entsprechende Bescheinigung aus. In dieser Bescheinigung sind dann auch die entsprechenden geleisteten Beträge enthalten, die für die Anwendung der Öffnungsklausel maßgeblich sind.

Rentennachzahlungen

Neben den laufenden Rentenzahlungen spielen auch Einmalzahlungen steuerlich eine Rolle. Das können etwa Kapitalzahlungen von berufsständischen Versorgungswerken sein. Vor allem kommen solche Einmalzahlungen jedoch bei Nachzahlungen aus der gesetzlichen Rentenversicherung für abgelaufene Jahre oder Monate vor. Diese resultieren meist daraus, dass es oftmals eine geraume Zeit dauert, bis über einen Erstantrag zur Rente entschieden worden ist und die Rente bewilligt wird. Auch bei Fehlern in der Rentenberechnung oder bei einem gerichtlich ausgetragenen Rechtsstreit über die Höhe der Rente kann es zu nachträglichen Rentennachzahlungen kommen. Auch diese Beträge gehören zu den Renten, die erklärt und versteuert werden müssen.

Tipp: Rentennachzahlungen, die Ihnen geballt in einem Jahr zufließen, sollten Sie tunlichst vermeiden. Sie können den Steuersatz erhöhen, da dann die Einkünfte in diesem einen Kalenderjahr der Nachzahlung erheblich höher sind als sonst. Immer ist das Kalenderjahr der steuerliche Veranlagungszeitraum. Erhalten Sie in diesem einen Kalenderjahr hohe Nachzahlungen, erhöht sich wegen der Progression Ihr Steuersatz auf alle Einkünfte. Das gilt auch, wenn die sogenannte Fünftelungsregelung angewandt wird, bei der die Nachzahlung fiktiv auf fünf Jahre verteilt wird und sich somit nur ein Fünftel davon auf die Steuerprogression auswirkt. Maßgeblich für den Beginn der Rente ist jeweils der tatsächliche Rentenbeginn. Oftmals verzögert sich die Bearbeitung, und die eigentliche Rentenzahlung beginnt erst einige Monate nach dem Renteneintrittsdatum. Der Betreffende erhält dann entsprechende Rentennachzahlungen. Teilweise werden solche Rentennachzahlungen sogar für einige Jahre rückwirkend geleistet.

Tipp: Rente frühzeitig beantragen

Da die Bearbeitung des Rentenantrages üblicherweise einige Zeit beansprucht, wird grundsätzlich empfohlen, den Rentenantrag schon einige Zeit vor dem Renteneintrittsdatum zu stellen. Empfehlenswert ist ein Zeitraum von ca. drei Monaten vor Rentenbeginn. Das stellt sicher, dass dann die Rente pünktlich zu Beginn des Renteneintritts gezahlt werden kann.

Nachzahlungen können auch darauf basieren, dass ein Ruheständler auf den Rentenantrag zunächst Abschläge erhalten hat. Erst wenn ein rechtskräftiger Bescheid vorliegt, werden die Restbeträge nachgezahlt. Zwar kann diese Nachzahlung dann unter Umständen das Vorjahr betreffen. Die gezahlten Rentenbeträge müssen jedoch immer im laufenden Jahr versteuert werden, also in dem Jahr, in dem sie ausgezahlt werden. Wegen der Steuerprogression kann das zu einem höheren Steuersatz und damit einer höheren Einkommensteuer in dem Jahr führen, in dem der Ruheständler die Rentennachzahlung erhält. Das lässt sich jedoch zumindest teilweise vermeiden – indem Sie dafür die sogenannte Fünftelungsregelung nutzen.

Die Fünftelungsregelung besagt: Für die Ermittlung des Steuersatzes wird nicht die gesamte Nachzahlung, sondern nur ein Fünftel berücksichtigt, obwohl der gesamte Betrag natürlich versteuert wird. Die Nachzahlung führt dann nicht zu einer solch extremen Erhöhung des progressiven Steuersatzes, wie wenn der gesamte Betrag für dessen Ermittlung berücksichtigt worden wäre. Der Steuersatz nach der Fünftelungsregelung wird folgendermaßen ermittelt (§ 34 EStG):

»Die für die außerordentlichen Einkünfte anzusetzende Einkommensteuer beträgt das Fünffache des Unterschiedsbetrags zwischen der Einkommensteuer für das um diese Einkünfte verminderte zu versteuernde Einkommen (verbleibendes zu versteuerndes Einkommen) und der Einkommensteuer für das verbleibende zu versteuernde Einkommen zuzüglich eines Fünftels dieser Einkünfte.«

Zugegeben: Die Formulierung im Gesetz dazu ist sehr umständlich und schwer verständlich, wie es bei Steuergesetzen leider häufig der Fall ist.

Doch führt die Berechnung vielfach, abhängig von den weiteren Einkünften, nicht zu einer wesentlich günstigeren Besteuerung der Rentennachzahlung, aber immerhin zu einer kleinen Steuerersparnis. Denn diese Methode schwächt die Auswirkungen der Progression etwas ab und verringert damit den Steuersatz in dem Jahr, in dem der betreffende Rentner die Nachzahlung erhält. Der Steuersatz ist jedoch im Jahr der Nachzahlung durch die Nachzahlung selbst schon erhöht worden, wenn auch nicht in dem Maße, wie es die Berücksichtigung der gesamten Rentennachzahlung zur Folge gehabt hätte.

Beispiel: So wird die Fünftelungsregelung angewendet

Der ledige Rentner R erhält aufgrund eines Fehlers bei der Rentenberechnung eine Rentennachzahlung für drei Jahre in Höhe von 15.000 €. Diese Nachzahlung wurde in einem langwierigen Gerichtsverfahren festgelegt. Die Rentennachzahlung ist im Jahr des Zuflusses zu versteuern. Für die Ermittlung des persönlichen Steuersatzes wird jedoch nur ein Fünftel berücksichtigt, das heißt, es werden nur 3.000 € einbezogen. Der dann ermittelte Steuersatz wird auf die gesamten für das Kalenderjahr relevanten Einkünfte, also auch auf die volle Rentennachzahlung angewandt.

Um die Steuer nach § 34 Abs. 1 EStG zu berechnen, ermittelt das Finanzamt also zunächst in dem Kalenderjahr, in dem der betreffende Ruheständler die Rentennachzahlung erhalten hat, die Einkommensteuerschuld, die sich ohne die Rentennachzahlung ergeben würde. Danach wird in einer Vergleichsberechnung die Einkommensteuer ermittelt, die sich unter Einbeziehung eines Fünftels der Rentennachzahlung ergibt.

Der Unterschiedsbetrag zwischen beiden Steuerbeträgen wird mit 5 multipliziert und das Ergebnis wird zu dem Betrag der Einkommensteuer hinzuzurechnen, der zuerst, ohne Berücksichtigung der Rentennachzahlung, errechnet worden ist.

Beachten Sie: Richtiger Eintrag in Anlage R hilft, Steuern zu sparen

Eine Rentennachzahlung für zurückliegende Jahre sollten Sie unbedingt an der richtigen Stelle in der Steuererklärung angeben. In der Anlage R ist dafür ein Extrafeld vorgesehen. Wichtig ist das vor allem dann, wenn die Nachzahlung für zwei oder mehr Kalenderjahre erfolgt ist. Hier kommt dann ein niedriger Steuersatz zum Tragen, der die Progressionswirkung mindert.

4.2 Besteuerung der geförderten Altersversorgungen (zweite Gruppe)

Die Altersleistungen der **zweiten Gruppe** werden voll besteuert, sofern diese Leistungen auf Beiträgen beruhen, die in der Einzahlungsphase durch eine Steuerbefreiung oder durch einen Sonderausgabenabzug für zusätzliche Altersversorgung staatlich gefördert worden sind.

Da die Rentenbeiträge dieser Altersversorgung in der Beitragszeit gefördert wurden, unterliegen die darauf beruhenden Rentenauszahlungen im Bezugsalter voll der Besteuerung. Dies gilt jedoch nur, soweit die Beiträge wirklich steuerlich gefördert wurden.

Stammen die Beiträge der Altersversorgungsleistungen nur teilweise aus geförderten Beiträgen, findet eine entsprechende Aufteilung statt. Voll versteuert wird dann nur der Teil der Leistungen, die auf geförderten Beiträgen beruhen. Der andere Teil unterliegt dann den entsprechenden Regelungen. Handelt es sich um eine Basisversorgung (siehe Gruppe 1), ist der Rentenfreibetrag bis 2040 zu berücksichtigen.

Die Aufteilung ergibt sich aus der Bescheinigung des Leistungsträgers, die dieser Ihnen problemlos ausstellt, wenn Sie ihn dazu auffordern.

4.3 Besteuerung der Leibrenten und anderen Leistungen (dritte Gruppe)

In der **dritten Gruppe** sind Leibrenten und andere Leistungen, die nicht zur Basisversorgung oder der geförderten Altersversorgung gehören. Hier wird nur der sogenannte Ertragsanteil der Steuer unterworfen. Dieser Ertragsanteil wird stets nach einem einheitlichen Schema ermittelt. Er richtet sich nach dem Beginn des Rentenbezugs und nach der durchschnittlichen Lebenserwartung des Betroffenen. Je früher die Rente beginnt, desto höher der Ertragsanteil.

Der Ertragsanteil wird gemäß Tabelle 9 ermittelt. Der zu versteuernde Ertragsanteil bemisst sich stets am Jahresbetrag der Rente. Wie hoch der Ertragsanteil der jeweiligen Leibrente oder anderen Leistung ist, ergibt sich aus dem bei Beginn der Rente vollendeten Lebensjahr des Rentenberechtigten.

Bei Beginn der Rente vollendetes Lebensjahr des Rentenberechtigten	Ertragsanteil in %
0 – 1	59
2 – 3	58
4 – 5	57
6 – 8	56
9 – 10	55
11 – 12	54
13 – 14	53
15 – 16	52
17 – 18	51
19 – 20	50
21 – 22	49
23 – 24	48
25 – 26	47
27	46
28 – 29	45
30 – 31	44
32	43
33 – 34	42
35	41
36 – 37	40
38	39
39 – 40	38
41	37
42	36
43 – 44	35
45	34
46 – 47	33
48	32
49	31

Bei Beginn der Rente vollendetes Lebensjahr des Rentenberechtigten	Ertragsanteil in %
50	30
51 – 52	29
53	28
54	27
55 – 56	26
57	25
58	24
59	23
60 – 61	22
62	21
63	20
64	19
65 – 66	18
67	17
68	16
69 – 70	15
71	14
72 – 73	13
74	12
75	11
76 – 77	10
78 – 79	9
80	8
81 – 82	7
83 – 84	6
85 – 87	5
88 – 91	4
92 – 93	3
94 – 96	2

Tabelle 9: Ertragsanteil in Abhängigkeit vom Alter bei Beginn der Rente

Beachten Sie: Der Ertragsanteil laut Tabelle 9 gilt auch, wenn Sie die Anwendung der Öffnungsklausel beantragt haben und die Voraussetzungen dafür erfüllen (siehe Seite 55/56). Dann bezieht sie sich auf die Renten aus den gesetzlichen Rentenversicherungen, der landwirtschaftlichen Alterskasse, den berufsständischen Versorgungseinrichtungen.

4.4 Vergünstigungen und Freibeträge für Rentner und Pensionäre

Gleichgültig, aus welcher Quelle Ihre Altersbezüge stammen: Als Rentner oder Pensionär können – und sollten! – Sie verschiedene Vergünstigungen und Freibeträge nutzen. Die wichtigsten stelle ich Ihnen im Folgenden vor.

Werbungskostenpauschale, Sonderausgaben und außergewöhnliche Belastungen

Zunächst einmal gilt für Rentner und Pensionäre ein Werbungskostenpauschalbetrag in Höhe von 102 €. So viel zieht das Finanzamt automatisch von Ihren Altersbezügen ab.

Daneben können Sie Sonderausgaben wie Beiträge zur gesetzlichen und privaten Kranken- und Pflegeversicherung (Krankenkasse oder private Versicherung im Basistarif) ansetzen, wenn Sie als Rentner diese selbst tragen. Allerdings sind private Krankenversicherungsbeiträge um den Zuschuss zu mindern, den Sie als Rentner von der Rentenversicherung erhalten. Auch Krankenzusatzversicherungen können im begrenzten Rahmen berücksichtigt werden. Zudem können Spenden abgesetzt werden. Haben Sie keine Spenden oder sonstigen Sonderausgaben in der Steuererklärung geltend gemacht, zieht das Finanzamt eine Pauschale für alle Sonderausgaben in Höhe von 36 € ab.

Als Rentner oder Pensionär können Sie außergewöhnliche Belastungen geltend machen. Das sind beispielsweise Krankheitskosten oder Kosten für die Unterbringung im Pflegeheim, die nicht von der Pflegekasse gedeckt werden. Bei Krankheitskosten sind nur diejenigen absetzbar, die notwendig sind und die nicht von der Krankenkasse ersetzt werden. Das kann aber – wenn zwangsläufig und damit unausweichlich – durchaus auch der barrierefreie Umbau Ihres Bades sein, wenn Sie krankheits- oder behinderungsbedingt mit dem alten Bad nicht mehr zurechtkommen. Auch die Beschäftigung einer Haushaltshilfe oder der Auftrag an einen Handwerker oder Dienstleister (Putz- oder Gartenhilfe) im Haushalt kann zum Teil abgesetzt werden. Bei Handwerkerrechnungen sind nur die Lohnanteile entscheidend, nicht die Materialkosten. Aber auch Medikamente, Brillen oder Zahnersatz können geltend gemacht werden, sofern sie nicht von der Krankenkasse ersetzt werden.

Versorgungsfreibetrag für Pensionäre

Das Bundesverfassungsgericht ordnete die Gleichstellung der Besteuerung von Renten und Pensionen an, der Gesetzgeber setzte dies rechtlich um. Im Rahmen der neuen Gesetzgebung wurden die Vergünstigungen für Pensionäre abgebaut und angepasst. Der Arbeitnehmerpauschbetrag, eine Werbungskostenpauschale, die ursprünglich auch für Pensionäre galt, wurde durch den Werbungskostenpauschbetrag in Höhe von 102 € ersetzt. Damit wird Pensionären ohne den Einzelnachweis von Werbungskosten pauschal nur noch das zugebilligt, was auch die Rentner erhalten. Falls Sie als Pensionär zusätzlich aus irgendeiner Quelle auch noch eine Rente erhalten, können Sie den Pauschbetrag nur einmal in Anspruch nehmen.

Bis 31. Dezember 2004 galt zudem ein Versorgungsfreibetrag in Höhe von 40 %. Dieser Versorgungsfreibetrag wurde von der erhaltenen Pension abgezogen, zu versteuern war nur, was übrig blieb. Dieser Freibetrag war auf einen Maximalbetrag von 3.000 € begrenzt, den Pensionäre bis dahin zusätzlich von der Einkommensteuer absetzen konnten. Er fällt mit der Neuregelung der Renten- und Pensionsbesteuerung nicht auf einen Schlag weg, wird im Rahmen der Übergangsregelung jedoch ebenfalls abgeschmolzen und entfällt ab 2040 ganz. Das Gleiche gilt für den Zuschlag zum Versorgungsfreibetrag, einen zusätzlichen steuerfreien Betrag, der ursprünglich bei 900 € lag. Dieser Zuschlag wurde als Ausgleich dafür eingeführt, dass der Arbeitnehmerpauschbetrag für Pensionäre nicht mehr gilt. Auch der Zuschlag wird abgeschmolzen und entfällt ebenfalls ab 2040.

Der Versorgungsfreibetrag wird dann ebenso wie der Rentenfreibetrag abhängig vom Jahr des Bezugsbeginns der Pension festgeschrieben und bleibt dann bis zum Erlöschen der Pension bestehen.

Die Höhe des Versorgungsfreibetrags und des Zuschlags, den Sie als Pensionär beanspruchen können, hängt vom Jahr des Pensionseintritts ab, wie Tabelle 10 zeigt:

Jahr	Versorgungsfreibetrag		Zuschlag (jährlich)
	in %	höchstens	
2005	40,0 %	3.000 €	900 €
2006	38,4 %	2.880 €	864 €
2007	36,8 %	2.760 €	828 €
2008	35,2 %	2.640 €	792 €
2009	33,6 %	2.520 €	756 €
2010	32,0 %	2.400 €	720 €
2011	30,4 %	2.280 €	684 €
2012	28,8 %	2.160 €	648 €
2013	27,2 %	2.040 €	612 €
2014	25,6 %	1.920 €	576 €
2015	24,0 %	1.800 €	540 €
2016	22,4 %	1.680 €	504 €
2017	20,8 %	1.560 €	468 €
2018	19,2 %	1.440 €	432 €
2019	17,6 %	1.320 €	396 €
2020	16,0 %	1.200 €	360 €

Jahr	Versorgungsfreibetrag		Zuschlag (jährlich)
	in %	höchstens	
2022	14,4 %	1.080 €	324 €
2023	13,6 %	1.020 €	306 €
2024	12,8 %	960 €	288 €
2025	12,0 %	900 €	270 €
2026	11,2 %	840 €	252 €
2027	10,4 %	780 €	234 €
2028	9,6 %	720 €	216 €
2029	8,8 %	660 €	198 €
2030	8,0 %	600 €	180 €
2031	7,2 %	540 €	162 €
2032	6,4 %	480 €	144 €
2033	5,6 %	420 €	126 €
2034	4,8 %	360 €	108 €
2035	4,0 %	300 €	90 €
2036	3,2 %	240 €	72 €
2037	2,4 %	180 €	54 €
2038	1,6 %	120 €	36 €
2039	0,8 %	60 €	18 €
2040	0,0 %	0 €	0 €

Tabelle 10: Versorgungsfreibetrag und Zuschlag (in Abhängigkeit vom Jahr des Pensionseintritts)

Zur Berechnung des Versorgungsfreibetrags bis zur Maximalgrenze wird der erste Bezugsmonat der Pension mit 12 multipliziert. Addiert werden zudem Sonderzahlungen, wie z. B. Weihnachtsgeld, das im Rahmen der Pension gezahlt wird. Der Versorgungsfreibetrag wird jedoch nur anteilig für die Monate gewährt, in denen tatsächlich Pension bezogen wurde. Der Zuschlag darf höchstens bis zur Höhe der um den Versorgungsfreibetrag geminderten Bemessungsgrundlage berücksichtigt werden.

Beispiel: Ermittlung des Versorgungsfreibetrags

Pensionsbeginn ist der 1. Dezember 2017. Die Pension beträgt 1.800 € pro Monat. So errechnet sich der Versorgungsfreibetrag:

1.800 € x 12 = 21.600 € x 20,8 % = 4.492,80, maximal jedoch 1.560 € + Zuschlag 468 €.

Insgesamt sind es somit 2.028 €.

Weil die Pension erst ab 1.Dezember 2017 gezahlt wird, wird für 2017 nur ein Zwölftel des Betrages gewährt, somit 169 €. Ab 2018 wird dann der volle Versorgungsfreibetrag nebst Zuschlag in Höhe von 2.028 € gewährt. Daneben wird zusätzlich der bereits erwähnte Werbungskostenpauschbetrag in Höhe von 102 € von der erhaltenen Pension abgezogen.

Altersentlastungsbetrag: Steuerrabatt auf zusätzliche Einkünfte

Steuerpflichtige, Rentner und Pensionäre, die das 64. Lebensjahr vollendet haben, können einen Altersentlastungsbetrag geltend machen. Dieser vermindert die Steuer – bezieht sich aber nur auf Einkünfte außerhalb von Rente oder Pension. Der Altersentlastungsbetrag wird gewährt, wenn Sie als Steuerpflichtiger vor dem Beginn des Veranlagungszeitraums, also dem Steuerkalenderjahr, das 64. Lebensjahr bereits vollendet haben, sprich ab dem 65. Lebensjahr.

Den Altersentlastungsbetrag können Rentner und Pensionäre also nutzen, wenn sie zu ihrer Rente oder Pension Nebeneinkünfte oder Lohn erhalten. Hierunter fallen auch Einkünfte aus Vermietung und Verpachtung, Kapitalvermögen, Selbstständigkeit oder privaten Veräußerungsgeschäften oder sonstigen Riester-Renten. So kann sich ein kleiner Nebenjob doppelt lohnen. Neben einem kleinen Zusatzeinkommen kann damit der Versorgungsfreibetrag aktiviert werden und zusätzlich von Ihren (Zusatz-)Einkünften abgezogen werden. Somit bleibt ein Teil

dieser Zusatzeinkünfte steuerfrei. Ohne Nebenjob oder sonstige Zusatzeinkünfte gibt es den Altersentlastungsbetrag nicht. Auch hier werden
Werbungskosten und Sparerfreibeträge gegebenenfalls abgezogen.

Die Höhe des Altersentlastungsbetrages ist abhängig vom Ge-
burtsjahr. Sie richtet sich danach, in welchem Kalenderjahr der
Steuerpflichtige 65 Jahre alt geworden ist. Bis 31. Dezember 2004 betrug der Altersentlastungsbetrag 40 % der Bemessungsgrundlage, also
der zugrunde liegenden Zusatzeinkünfte, höchstens jedoch 1.900 €.
Wie hoch er ist, sehen Sie in Tabelle 11:

Kalenderjahr, welches auf die Vollendung des 64. Lebensjahres folgt	Altersentlastungs-betrag in % der Einkünfte	Maximaler Alters-entlastungsbetrag
2005	40,0 %	1 900 €
2006	38,4 %	1 824 €
2007	36,8 %	1 748 €
2008	35,2 %	1 672 €
2009	33,6 %	1 596 €
2010	32,0 %	1 520 €
2011	30,4 %	1 444 €
2012	28,8 %	1 368 €
2013	27,2 %	1 292 €
2014	25,6 %	1 216 €
2015	24,0 %	1 140 €
2016	22,4 %	1 064 €
2017	20,8 %	988 €
2018	19,2 %	912 €
2019	17,6 %	836 €
2020	16,0 %	760 €
2021	15,2 %	722 €
2022	14,4 %	684 €
2023	13,6 %	646 €

Kalenderjahr, welches auf die Vollendung des 64. Lebensjahres folgt	Altersentlastungsbetrag in % der Einkünfte	Maximaler Altersentlastungsbetrag
2024	12,8 %	608 €
2025	12,0 %	570 €
2026	11,2 %	532 €
2027	10,4 %	494 €
2028	9,6 %	456 €
2029	8,8 %	418 €
2030	8,0 %	380 €
2031	7,2 %	342 €
2032	6,4 %	304 €
2033	5,6 %	266 €
2034	4,8 %	228 €
2035	4,0 %	190 €
2036	3,2 %	152 €
2037	2,4 %	114 €
2038	1,6 %	76 €
2039	0,8 %	38 €
2040	0,0 %	0 €

Tabelle 11: Altersentlastungsbetrag in Abhängigkeit vom Kalenderjahr, das auf den 64. Geburtstag folgt

Der seit dem 1. Januar 2005 maßgebliche Altersentlastungsbetrag ist abhängig von dem Kalenderjahr, das auf die Vollendung des 64. Lebensjahres folgt.

Bei Verheirateten gilt der Altersentlastungsbetrag für jeden Ehegatten separat, sofern das Paar zusammenveranlagt wird und die entsprechenden Voraussetzungen vorliegen. Hier empfiehlt es sich, die Einkünfte beiden Ehegatten zuzuordnen. Denn wenn einer der beiden Ehegatten keine Zusatzeinkünfte erzielt, wird ihm der Altersentlastungsbetrag auch nicht gewährt.

Der Altersentlastungsbetrag gilt auch für Kapitalerträge, die der Abgeltungsteuer unterliegen. Haben Sie als Rentner oder Pensionär als Zusatzeinkünfte nur Kapitalerträge, sollten diese in Ihrer Einkommensteuererklärung angeben und die Günstigerprüfung beantragen, da dann der persönliche niedrigere Steuersatz angesetzt wird, unter Berücksichtigung des Altersentlastungsbetrages.

Der Altersentlastungsbetrag ist in § 24 a EStG (Einkommensteuergesetz) geregelt. Er soll für eine gerechtere Besteuerung sorgen und wird von der Summe der sonstigen Einnahmen abgezogen, nicht jedoch von den Renten-/Pensionseinkünften. Damit sorgt der Altersentlastungsbetrag für einen geringeren zu versteuernden Gesamtbetrag der Einkünfte. Rentner, die ausschließlich eine Rente oder Pension beziehen und sonst über keine weiteren Einkünfte verfügen, profitieren damit nicht vom Altersentlastungsbetrag.

Beispiel: So wirkt sich der Altersentlastungsbetrag aus

Der Rentner R hat neben seiner Rente noch Mieteinkünfte aus seiner vermieteten Wohnung in Höhe von 500 € monatlich. Werbungskosten wurden schon abgezogen. Daneben hat er eine monatliche Rente von 1.400 €. Jährlich beträgt die Nettomieteinnahme, die zu versteuern ist, 6.000 €. Von diesem Betrag wird der Altersentlastungsbetrag abgezogen. Hätte der R nur die Rente und keine Mieteinkünfte, käme der Altersentlastungsbetrag nicht zum Tragen.

Der Altersentlastungsbetrag stammt noch aus der Zeit, als die Renten weitestgehend, also bis auf den Ertragsanteil, steuerfrei waren und die Pensionen voll besteuert wurden. Bei Pensionen wurde der Altersentlastungsbetrag ebenfalls abgezogen.

Mit der Änderung durch das Alterseinkünftegesetz wird dieser Altersentlastungsbetrag nunmehr bis zum Jahr 2040 im Rahmen der bereits erwähnten Übergangsregelung stufenweise abgeschmolzen, da ja ab 2040 alle Renten und Pensionen gleichermaßen voll besteuert werden.

Im Einzelnen wird der Altersentlastungsbetrag aus einem Prozentsatz des Einkommens berechnet, den Sie für jedes Jahr in der obigen Tabelle 11 finden, maximal jedoch können Sie den Höchstbetrag ausschöpfen. Damit ist der Altersentlastungsbetrag auf den jeweiligen Höchstbetrag begrenzt.

Für die Berechnung des Altersentlastungsbetrages werden alle positiven Einkünfte eines Ruheständlers berücksichtigt außer den Pensions- und Renteneinkünften selbst. Verluste werden nicht abgezogen. Auf diesen Betrag wird dann der Prozentsatz angewandt, höchstens jedoch der Maximalbetrag. Das heißt, das Finanzamt berücksichtigt als Bemessungsgrundlage für den Altersentlastungsbetrag folgende Zusatzeinkünfte zur Rente oder Pension:

➤ Bruttoarbeitslohn zuzüglich positive Überschüsse aus Vermietung und Verpachtung
➤ positive Einkünfte aus Land- und Forstwirtschaft
➤ Einkünfte aus Kapitalvermögen, die nicht der Kapitalertragsteuer unterliegen
➤ positive Gewinne aus einer selbstständigen Tätigkeit oder einem Gewerbebetrieb
➤ Gewinne aus privaten Veräußerungsgeschäften, die nicht der Kapitalertragsteuer unterliegen
➤ voll besteuerte Renten und andere Einkünfte gemäß § 22 EStG
➤ voll besteuerte Riester-Renten und Betriebsrenten, für deren Beiträge es in der Ansparphase Steuervergünstigungen gab

Wichtig: Ein echter Minijob (450-€-Job) wird als Nebenjob nicht berücksichtigt.

Der Prozentsatz und der Maximalbetrag verringern sich mit jedem weiteren Jahr. Ab 2040 entfällt der Altersentlastungsbetrag dann ganz. Es gelten jeweils der Prozentsatz und der Höchstbetrag desjenigen Jahres, in dem die Voraussetzungen für den Altersentlastungsbetrag erstmalig vorliegen. Das heißt, in dem das 64. Lebensjahr vollendet gewesen ist und erstmalig entsprechende Zusatzeinkünfte vorlagen.

Beispiel: Ab wann der Altersentlastungsbetrag greift

Rentner R ist 67 Jahre alt. Er hat in diesem Jahr noch einen sozialversicherungspflichtigen Nebenjob als Pförtner in einer Firma aufgenommen. Dafür erhält er brutto 550 € pro Monat. Vorher hatte er neben seiner Rente keine weiteren Einkünfte. Er kann also in diesem Jahr erstmalig den Altersentlastungsbetrag in Anspruch nehmen.

Der Altersentlastungsbetrag wird bei Rentnern und Pensionären ein für alle Mal festgeschrieben, wenn er erstmalig zum Tragen kommt, weil Zusatzeinkünfte zur Rente oder Pension vorliegen. Er bleibt dann für den jeweiligen Ruheständler immer gleich, auch wenn sich die Verhältnisse und die jeweiligen Einkünfte ändern. Er wird für Ehegatten auch nicht verdoppelt, wie der Grundfreibetrag, sondern nur dem jeweiligen Ehegatten gewährt, auf den die Voraussetzungen zutreffen. Er bleibt dann für den jeweiligen Ruheständler festgeschrieben und wird jährlich bei der Einkommensteuererklärung berücksichtigt.

Beispiel: Berechnung des lebenslang geltenden Altersentlastungsbetrags

Rentner R arbeitet neben seiner Altersrente von 1.000 € monatlich noch als Angestellter für einen Sicherheitsdienst. Es handelt sich nicht um einen Minijob (geringfügiges Beschäftigungsverhältnis). Er hat daraus ein jährliches Einkommen von 12.000 €

brutto. Daneben hat er aus seiner Mietwohnung noch 3.600 € jährlich, Werbungskosten wurden schon abgezogen. Der Altersentlastungsbetrag wird für 2018 wie folgt berechnet:

19,2 % von 12.000 € = 2.304 € + 3.600, maximal jedoch 912 €.

Der Betrag von 912 € gilt für R auch für die folgenden Jahre weiter.

4.5 Steuererstattungen – eher die Ausnahme

Rentner, die erst seit kurzem im Ruhestand sind, haben üblicherweise noch keine Vorauszahlungen an das Finanzamt geleistet. Deshalb können sie auch keine Steuererstattungen erhalten. Mit dem ersten Steuerbescheid werden dann in der Regel Vorauszahlungen festgesetzt, die sich in ihrer Höhe an der Steuernachzahlung des Vorjahres orientieren. Aber auch diese Vorauszahlungen sind so bemessen, dass sich daraus später in der Regel keine Einkommensteuererstattung ergibt. Es gibt bei Rentnern nur zwei Fälle, in denen eine Steuererstattung vorkommen kann:

➤ **Beim Wegfall anderer Einkünfte:** Wenn Ihre Steuervorauszahlungen für ein bestimmtes Kalenderjahr sich also noch nach einem Einkommen bemessen, das Sie in Wirklichkeit gar nicht mehr erzielt haben.

➤ **Im Zusammenhang mit der Kapitalertragsteuer:** Diese wird als sogenannte Abgeltungsteuer direkt von der Bank, bei der Sie etwa Ihr Depot oder Ihre Sparkonten haben, ans Finanzamt abgeführt. Wenn Sie keinen Freistellungsauftrag erteilt haben, muss die Bank ab dem ersten Euro von Ihren Kapitaleinkünften (Zinsen, Dividenden und Gewinne aus Wertpapierverkäufen) 25 % ans Finanzamt abführen. Sie darf den eigentlich steuerfreien Sparerpauschbetrag in Höhe von 801 € (1.602 € bei zusammenveranlagten Ehepaaren) dann nicht berücksichtigen. Wenn Sie später mit Ihrer Steuererklärung fürs betreffende Jahr die Anlage KAP einreichen, werden Ihnen die zu viel gezahlten Steuern wieder erstattet. Gleiches gilt, wenn Ihr persönlicher Steuersatz unter 25 % liegt. Dann wendet das Finanzamt diesen persönlichen Steuersatz an anstatt des Abgeltungsteuersatzes, und auch das führt zu einer Steuererstattung. Das Finanzamt gibt in den Steuerbescheiden neuerdings den Steuersatz an. Falls sie also Ihrer Bank keinen Freistellungsauftrag erteilt haben oder falls Ihr persönlicher Steuersatz niedriger ist als die Abgeltungsteuer, sollten Sie grundsätzlich überlegen, ob sie nicht freiwillig eine Steuererklärung abgeben. Der Aufwand lohnt sich in der Regel.

Ganz anders sieht die Situation bei Pensionären aus: Als Pensionär erhalten Sie häufig eine Steuererstattung. Denn von Ihrer Pension wurde üblicherweise die Lohnsteuer einbehalten und Sie können die Verluste verrechnen oder hohe Sonderausgaben geltend machen.

Vor allem aber können sich sowohl für Rentner als auch für Pensionäre Erstattungen ergeben, wenn sie Verluste aus anderen Einkunftsarten geltend machen. Solche Verluste können sich vor allem aus Vermietung und Verpachtung ergeben. Hier sind Gestaltungen möglich, auf die ich in diesem Buch später noch eingehe.

Müssen Sie als Rentner oder Pensionär keine Steuern zahlen, weil Sie z. B. mit den zu berücksichtigenden Einkünften unter dem Grundfreibetrag liegen, so erhalten Sie auch die kompletten von der Bank einbehaltenen Abschlagsteuern der Kapitalertragsteuer einschließlich Soli und ggf. Kirchensteuer wieder. Hierfür ist es jedoch erforderlich, dass Sie eine entsprechende Steuererklärung abgeben und die entsprechenden Zinsbescheinigungen der Bank mit einreichen. Ansonsten gehen diese Erstattungen verloren.

5. Ganz wichtig: Was hat sich geändert und was wird sich künftig ändern?

Mit dem Alterseinkünftegesetz hat der Gesetzgeber die Besteuerung sämtlicher Alterseinkünfte (Pensionen, gesetzlicher Renten und privater Renten) geregelt. Wie bereits erwähnt gelten die betreffenden Regelungen seit dem Veranlagungsraum 2005. Davor war die Rentenbesteuerung gänzlich anders geregelt.

5.1 Altregelung der Rentenbesteuerung

Die aktuelle Regel haben Sie bereits in Kapitel 2 kennengelernt: Während der Übergangszeit bis hin zur vollständigen nachgelagerten Besteuerung gibt es abhängig vom Renteneintrittsalter einen Rentenfreibetrag, der von der erhaltenen Rente abgezogen wird. Nur der Nettobetrag der Rente, vermindert um diesen Freibetrag, wird zur Bemessung der Steuer herangezogen. Die Übergangszeit bis hin zur vollständigen nachgelagerten Besteuerung der Renten dauert noch bis 2040 an. Erst ab 2040 muss die in einem Jahr erhaltene Rente voll versteuert werden. Das heißt, bis 2039 gibt es einen Steuerrabatt für Renten und nicht die volle Rente wird versteuert.

Wer vor 2005 in Rente gegangen ist, musste nur den sogenannten Ertragsanteil (Zinsanteil) versteuern. Der Ertragsanteil richtete sich danach, wie alt der Rentner zum Zeitpunkt des Rentenbeginns war. Der Ertragsanteil blieb dann bis zum Lebensende gleich. Über die Höhe des Ertragsanteils gibt Tabelle 12 Auskunft.

Alter bei Beginn der Rente	Ertragsanteil (dieser Anteil unterlag auch damals schon der Besteuerung)
55	38 %
58	35 %
60	32 %
61	31 %
62	30 %
63	29 %
64	28 %
65	27 %

Tabelle 12: Ertragsanteil der Rente bis einschließlich 2004

5.2 Neuregelung der Rentenbesteuerung

Die gesetzliche Neuregelung der Alterseinkünfte hat insbesondere Auswirkungen auf die Besteuerung von Renten aus der gesetzlichen Rentenversicherung und von Renten aus berufsständischen Versorgungswerken, wie z. B. dem Versorgungswerk der Rechtsanwälte, Steuerberater und Ärzte.

Im Übergangszeitraum, der insgesamt 35 Jahre umfasst, wird schrittweise die nachgelagerte Besteuerung eingeführt. Zwar mussten Rentner auch vor 2005 grundsätzlich einen Teil ihrer Rente versteuern. Es handelte sich dabei aber nur um den bereits erwähnten Ertragsanteil, und dieser Anteil war vergleichsweise gering.

Wer allerdings erst ab 2005 in Rente gegangen ist, muss mindestens 50 % der Rente zu versteuern. Der Ertragsanteil, der vor 2005 zur Steuer führen konnte bzw. den steuerpflichtigen Teil der Rente ausmachte, betrug bei einem Rentenbezug ab dem 65. Lebensjahr 27 %. Dadurch wurde der Grundfreibetrag bei Rentnern in der Regel nicht überschritten. Zu einer Steuerpflicht kam es nur dann, wenn ein Rentner andere Einkünfte hatte, wie z. B. Einkünfte aus Vermietung und Verpachtung, Kapitalvermögen oder einer zusätzlichen Selbstständigkeit.

Ein Urteil des Bundesverfassungsgerichts führte zu einer kompletten Änderung der Steuerregeln für Ruhestandsbezüge. Die Verfassungsrichter hatten einen guten Grund dafür. Sie kritisierten, dass Beamtenpensionen grundsätzlich nicht nur mit einem Ertragsanteil, sondern voll besteuert wurden. Hier sahen sie eine Ungleichbehandlung von Rentnern und Pensionären.

Aus diesem Grunde war der Gesetzgeber gezwungen, aufgrund der Entscheidung des Bundesverfassungsgerichts die nun geltende nachgelagerte Rentenbesteuerung einzuführen. Damit wird nun Schritt für Schritt die steuerliche Behandlung der verschiedenen Alterseinkünfte einander angeglichen. Ab dem Jahr 2040 ist dann eine vollständige Besteuerung sowohl der Renten als auch der Pensionseinkünfte gegeben.

Andersherum sollen nunmehr bei Noch-nicht-Ruheständlern die Einzahlungen, die einer späteren Altersversorgung dienen, nicht mehr der Steuer unterworfen werden. Das heißt: Die Teile des Einkommens, die für die Altersversorgung verwendet werden, sind regelmäßig steuerfrei bzw. werden steuerlich als Sonderausgabe anerkannt und mindern somit die Steuerlast. Die späteren Alterseinkünfte, die bezogen werden, sind dann allerdings im vollen Umfang steuerpflichtig.

Da dies eine völlige Systemumstellung mit sich bringt, hat der Gesetzgeber eine sehr lange Übergangsfrist festgelegt. Diese beträgt 35 Jahre und endet erst im Jahr 2040. Während dieser Übergangsfrist können für die steuerliche Behandlung von Renteneinkünften insgesamt drei Gruppen qualifiziert werden, die Sie in den vorhergehenden Kapiteln bereits kennengelernt haben.

Das Fazit aus dieser Systemumstellung lautet: Bereits jetzt sind viele Rentner gezwungen, eine Steuererklärung abzugeben und Steuern zu zahlen. Zudem wird die Zahl der steuerpflichtigen Rentner künftig noch steigen. Zwar steigt auch der Grundfreibetrag. Doch der steigende Grundfreibetrag deckt nicht den Rentenmehrwert ab.

Nachstehend erläutert die Tabelle 13, ab welcher Rentenhöhe eine Steuer in den Jahren 2017 bis 2040 anfallen könnte. Im Einzelfall kann dies allerdings auch schon bei geringeren Renten der Fall sein – vor allem dann, wenn weitere Einkünfte vorliegen. Es handelt sich dabei um ungefähre Angaben für einzeln veranlagte Personen und zusammenveranlagte Ehepaare.

Rentenbeginn	Steuerpflichtiger Teil der Rente	Steuerfreier Teil der Rente	Unterstellter Grundfreibetrag (Einzelperson/ Ehepaar)	Ungefähre Rentenhöhe, die zur Steuerpflicht führt
2017	74 %	26 %	8.820 €/17.640 €	12.000 €/24.000 €
2018	76 %	24 %	9.000 €/18.000 €	11.900 € /23.800 €
2019	78 %	22 %		11.600 € /23.200 €
2020	80 %	20 %	9.000 €/18.000 €	11.300 € /22.600 €
2021	81 %	19 %		11.150 € /22.300 €
2022	82 %	18 %		11.000 € / 22.000 €
2023	83 %	17 %		10.850 € / 21.700 €
2024	84 %	16 %		10.750 € / 21.500 €
2025	85 %	15 %		10.600 € / 21.200 €
2026	86 %	14 %		10.500 € / 21.000 €
2027	87 %	13 %		10.350 € / 20.700 €
2028	88 %	12 %		10.250 € / 20.500 €
2029	89 %	11 %		10.150 € / 20.300 €
2030	90 %	10 %		10.000 € / 20.000 €
2031	91 %	9 %		9.900 € / 19.800 €
2032	92 %	8 %		9.800 € / 19.600 €
2033	93 %	7 %		9.700 € / 19.400 €
2034	94 %	6 %		9.600 € /19.200 €
2035	95 %	5 %		9.500 € / 19.000 €
2036	96 %	4 %		9.350 €/ 18.700 €
2037	97 %	3 %		9.300 € / 18.600 €
2038	98 %	2 %		9.200 € / 18.400 €
2039	99 %	1 %		9.100 € / 18.200 €
2040	100 %	0 %		9.000 € / 18.000 €

Tabelle 13: Ab welcher Rentenhöhe mit einer Steuerpflicht zu rechnen ist (ungefährer Wert)

Diese Tabelle gibt die Rentenhöhe, die zur Steuerpflicht führt, nur überschlägig anhand der zu erwartenden Grundfreibeträge an. Sie dient nur als Richtschnur, ab wann Rentner mit einer Steuerpflicht zu rechnen haben, und ersetzt keinesfalls eine individuelle Prüfung.

Der Gesetzgeber kann die Grundfreibeträge in Zukunft weiterhin anpassen. Das verändert dann auch die Tabellenwerte.

Deutlich wird jedoch, dass in Zukunft immer mehr Rentner mit dem Finanzamt zu tun haben werden und eine Steuererklärung abgeben müssen. Vor allem aber müssen sie Steuern zahlen.

Der Bundesfinanzminister steuert dem entgegen, indem für alle Steuersätze die Einkommensgrenzen angepasst werden. Zunächst um 0,7 % und dann ab 2018 um weitere 1,5 %. Das bedeutet: Die Steuer sinkt geringfügig bei gleichbleibendem Einkommen.

Der bisherige Einkommensteuertarif hat auf Basis des Jahres 2016 die in Tabelle 14 dargestellte Struktur:

Zu versteuerndes Einkommen	Steuerbelastung/ Grenzsteuersatz
0 – 8.652 €	0 % (Grenzsteuersatz 14 %)
8.653 – 13.699 €	14 – 24 % (Progressionszone I)
13.670 – 53.665 €	24 – 42 % (Progressionszone II)
53.666 – 254.446 €	42 % Spitzensteuersatz
Ab 254.447 €	45 % Reichensteuersatz

Tabelle 14: Steuerprogression – mit steigendem Einkommen steigen auch die Steuersätze

Durch die schrittweise Anhebung der Grenzen zunächst um 0,7 % und dann voraussichtlich um 1,5 % wird die Progressionswirkung geringfügig abgeschwächt.

Durch die Neuregelungen sollte eine Doppelbesteuerung vermieden werden. Trotzdem kommt es vor, dass viele Rentner doppelt besteuert werden – sowohl mit den Beiträgen, die sie zur Altersvorsorge leisten, als auch mit den Rentenzahlungen, die sie später erhalten. Zu den Hintergründen gleich mehr im nächsten Abschnitt.

5.3 Doppelte Besteuerung: Wenn Rentenbeiträge und Rentenauszahlungen steuerpflichtig sind

Experten fordern daher eine Änderung des Alterseinkünftegesetzes, weil immer mehr Rentner doppelt zur Kasse gebeten werden. Das Bundesverfassungsgericht hatte für die Neuregelung der Alterseinkünfte zur Vorgabe gemacht, dass Rentner auf keinen Fall doppelt besteuert werden dürfen.

Seit 2015 häufen sich jedoch die Fälle der doppelten Besteuerung. Denn der Besteuerungsanteil der Rente steigt schrittweise, bis im Jahr 2040 die Vollversteuerung eintritt. Dann werden Renten voll besteuert. Gleichzeitig werden die Rentenbeiträge ebenfalls schrittweise steuerfrei gestellt. Das geschieht jedoch nicht in der gleichen Intensität wie die Besteuerung. Daraus ergibt sich eine doppelte Besteuerung: Besteuert werden zum einen die Rentenbeiträge und dann später nochmals die Rentenauszahlung.

Der Bundesfinanzhof (BFH) hat festgestellt, dass sich eine solche Doppelbesteuerung im Einzelfall immer wieder ergeben kann (Urteil vom 21. Juni 2016, Aktenzeichen: X R 44/141). Die Finanzgerichte müssen dann im konkreten Einzelfall feststellen, ob eine Doppelbesteuerung vorliegt oder nicht.

2015 hat das Bundesverfassungsgericht die Neuregelung der Rentenbesteuerung durch das Alterseinkünftegesetz abgesegnet (BVerfG, 29. September 2015, Aktenzeichen: 2 BvR 2683/11). Das Bundesverfassungsgericht hatte in seiner Entscheidung vorgegeben, dass die Besteuerung von Vorsorgeaufwendungen so aufeinander abzustimmen ist, dass eine Doppelbesteuerung vermieden wird.

Der Bundesfinanzhof hat die Darlegungs- und Beweislast für die Doppelbesteuerung allerdings dem steuerpflichtigen Rentner auferlegt. Das bedeutet wiederum, dass Sie es beweisen müssen, wenn Ihre Altersvorsorgebeiträge und die spätere Rente besteuert werden bzw. wurden. Sie müssen also darlegen, dass auch Ihre Beiträge zur Altersvorsor-

---

1   www.bundesfinanzhof.de

ge der Einkommensteuer unterlagen bzw. nicht steuerfrei waren oder zumindest teilweise nicht mehr als Sonderausgaben berücksichtigt werden konnten. Schwierig ist dann auch die Höhe der Altersvorsorgebeiträge zu ermitteln, die aus versteuertem Einkommen geleistet wurden.

Gesetzliche Änderungen sind in dieser Sache jedoch nicht geplant. Also passen Sie auf und sammeln Sie auch schon vor dem Rentenalter alle Belege, die die Behandlung der Altersvorsorgebeiträge nachweisen. Dazu gehören auch Steuerbescheide und Einkommensbelege.

Das Thema Doppelbesteuerung wird die Rechtsprechung zumindest in der Übergangsphase bis 2040 noch häufiger beschäftigen, so viel ist sicher, wenn sonst auch vieles noch nicht sicher scheint.

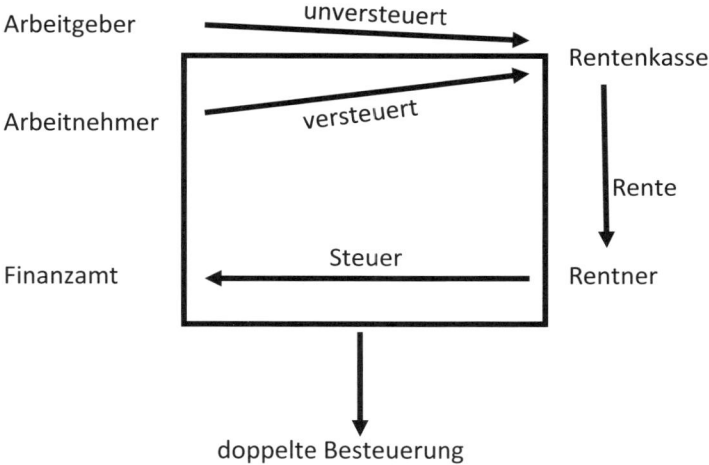

Abbildung 5: Doppelbesteuerung bei Renten – gar nicht so selten

Der Effekt erweitert sich, wenn der Arbeitnehmer zwischendurch selbstständig war und auch dann aus versteuertem Entgelt freiwillig weiter in die gesetzliche Rentenversicherung gezahlt hat und die Beiträge wegen Erreichens der Höchstgrenze nicht mehr dem Sonderausgabenabzug unterlagen.

6. Besteuerung bei Auslandsrentnern bzw. Auslandsrenten

In zwei Fällen ist die steuerliche Behandlung von Renten und Pensionen etwas kniffliger: Wenn Sie Auslandsrentner sind oder wenn Sie Renten bzw. Pensionen aus dem Ausland beziehen. Hier für Sie die wichtigsten Infos dazu.

6.1 Auslandsrentner und -pensionäre: Das sind die steuerlichen Regeln

Auch im Ausland lebende Rentner müssen unter Umständen ihre Rente in Deutschland versteuern. Das gilt auch dann, wenn sie keinen Wohnsitz oder gewöhnlichen Aufenthalt in Deutschland haben, aber eine Rente aus Deutschland beziehen. Viele Doppelbesteuerungsabkommen sehen dies vor (Ausnahme Frankreich). Die Flucht ins Ausland nützt also im Hinblick auf eine Steuervermeidung nichts.

Liegt eine Steuerpflicht in Deutschland vor, sind für die Frage der Besteuerung dann die weiteren Faktoren entscheidend. Hier ist maßgeblich, wie hoch die Rente ist und auch ob der Rentner verheiratet ist und Kinder mit Kindergeldanspruch hat. Daneben spielt es auch eine Rolle, ob der Rentner neben seiner Rente noch weitere Einkünfte zum Beispiel aus Vermietung und Verpachtung oder Kapitaleinkünften erzielt hat. Manche Rentner bessern ihrer Altersrente noch durch einen Teilzeitjob auf.

Ausländer, die eine deutsche Rente beziehen und nicht in Deutschland wohnen, müssen regelmäßig nur die deutschen Renteneinnahmen in Deutschland besteuern. Auch hier gilt, dass ein Doppelbesteuerungsabkommen mit dem entsprechenden Wohnsitzstaat Abweichendes regeln kann und dann auch die deutsche Rente beispielsweise in Frankreich besteuert wird.

Von den meisten Auslandsrentnern und -pensionären ist bislang ca. ein Drittel von der Pflicht zur Abgabe einer Steuererklärung für die aus Deutschland bezogenen Altersrenten betroffen – Tendenz steigend. Viele Rentner müssen dann, obwohl sie im Ausland leben und dort ihre Rente bekommen, eine Einkommensteuererklärung in Deutschland einreichen. Hierfür zuständig ist das Finanzamt Neubrandenburg, das die Steuererklärungen für alle Auslandsrentner weltweit bearbeitet. Vielen Rentnern droht in diesem Zusammenhang eine teilweise hohe Steuernachzahlung.

Mit den Änderungen im Alterseinkünftegesetz gilt auch für Auslandsrenten stets die nachgelagerte Besteuerung. Die bundesweite Zuständigkeit des Finanzamts Neubrandenburg gilt für die Auslandsrentner seit 1. Januar 2009. Damit wird die Rentenbesteuerung der Auslandsrentner in einem Finanzamt gebündelt. Jedoch gibt es von der zentralen Zuständigkeit wiederum eine Ausnahme. Auslandsrentner, die neben der Altersrente noch andere deutsche Einkünfte beziehen, sind von der zentralen Zuständigkeit befreit. Dies gilt z. B. für Vermietungseinkünfte. Hier ist dann das Finanzamt zuständig, wo die Vermietungseinkünfte erzielt werden.

Wer Renten oder Versorgungsbezüge erhält, ist auch weiterhin in Deutschland steuerpflichtig, auch wenn er seinen Wohnsitz oder gewöhnlichen Aufenthalt ins Ausland verlegt. Entscheidend sind immer die Bestimmungen im jeweiligen Doppelbesteuerungsabkommen (DBA).

Beispiel: Renten, die nicht der deutschen Einkommensteuer unterliegen

Nach dem Doppelbesteuerungsabkommen mit Spanien, Portugal, den USA oder der Schweiz brauchen Auslandsrentner aus diesen Ländern ihre aus Deutschland gezahlten Renten nicht der deutschen Einkommensteuer zu unterwerfen. Die Renten werden vielmehr im Ansässigkeitsstaat besteuert. Gleiches gilt für

Rentenbezieher in Deutschland, die eine spanische, portugiesische, US-amerikanische oder eine schweizerische Rente beziehen. Diese Rente ist dann in Deutschland steuerpflichtig.

Im Übrigen werden die Rentenzahlungen an Ruheständler im Ausland genauso besteuert wie die Zahlungen an inländische Rentner. Häufig ist jedoch die für Auslandsrentner zu zahlende Einkommensteuer höher, da die Rentner weder einen Wohnsitz noch einen gewöhnlichen Aufenthalt in Deutschland haben und somit nicht unbeschränkt, sondern nur beschränkt steuerpflichtig sind.

Das ist in der Regel mit Nachteilen verbunden, denn es gilt weder der Grundfreibetrag noch das Ehegattensplitting, und auch Sonderausgaben und außergewöhnlichen Belastungen können nicht geltend gemacht werden. Damit unterliegt faktisch der gesamte zu versteuernde Teil der Rente der Steuerpflicht. Die Abzüge im Rahmen der Sonderausgaben und die geltend gemachten außergewöhnlichen Belastungen sowie der Grundfreibetrag können sich erheblich auswirken. Sie führen in Deutschland dazu, dass viele Rentner keine Steuern zahlen müssen. Bei Auslandsrenten hingegen unterliegen dann auch schon geringe Renten der Steuerpflicht, weil die ganzen genannten Vergünstigungen wegfallen. Sinnvoll ist daher in jedem Fall die Prüfung,

> ob Sie beschränkt oder unbeschränkt steuerpflichtig sind und
> ob Sie womöglich die Option haben, als beschränkt Steuerpflichtiger nicht doch die unbeschränkte Steuerpflicht zu beantragen.

Beschränkte oder unbeschränkte Steuerpflicht?

Auch wenn es nicht so klingt – eine unbeschränkte Steuerpflicht in Deutschland hat für Sie Vorteile. Denn nur bei unbeschränkter Einkommensteuerpflicht stehen Ihnen als Steuerpflichtigem die Vergünstigungen, Pauschbeträge und Steuerbefreiungen zu, die das Einkommensteuergesetz vorsieht. Beschränkt steuerpflichtige Personen haben darauf in der Regel keinen Anspruch.

Ob Sie in Deutschland unbeschränkt oder beschränkt steuerpflichtig sind, hängt davon ab, wo Sie Ihren gewöhnlichen Aufenthalt haben: Liegt er in Deutschland, sind Sie hier unbeschränkt steuerpflichtig. Liegt er dagegen im Ausland, dann sind Sie nur beschränkt steuerpflichtig.

Exkurs: Der gewöhnliche Aufenthalt – was ist das?

Steuerrechtlich hat jemand seinen Wohnsitz dort, wo er eine Wohnung hat, die er auch beibehalten oder benutzen wird. Dies sind in der Regel Wohnungen, die möbliert sind, als Wohnung nutzbar sind und zumindest auch gelegentlich benutzt werden. Es kommt dabei nicht darauf an, ob es sich dabei um den Meldewohnsitz handelt, auch wenn dieser sicherlich ein Indiz für einen gewöhnlichen Aufenthalt in Deutschland darstellt. Dasselbe gilt für die Postadresse. Der gewöhnliche Aufenthalt ist der Ort, an dem jemand sich aufhält oder erkennbar nicht nur vorrübergehend verweilt.

Der gewöhnliche Aufenthalt ist regelmäßig dort, wo jemand sich zeitlich zusammenhängend für mehr als sechs Monate und damit 183 Tage aufhält. Man spricht hier von der sogenannten 183-Tage-Regelung. Kurzfristige Unterbrechungen bleiben dabei unberücksichtigt. Dient der Aufenthalt lediglich einem Besuchszweck, einer Erholungskur oder einem ähnlichen privaten Zweck und dauert er dann nicht länger als ein Jahr, so wird dadurch kein gewöhnlicher Aufenthaltsort im Sinne des Steuerrechtes begründet.

Ein gewöhnlicher Aufenthalt in Deutschland ist also gegeben, wenn der Rentner oder Pensionär sich zusammenhängend mehr als sechs Monate in Deutschland aufhält, unabhängig von seiner

Staatsbürgerschaft. Dann muss der Betreffende alle seine Einkünfte, auch die ausländischen Renten oder Pensionen, der deutschen Steuer unterwerfen. Dieses gilt nur dann nicht, wenn durch ein Doppelbesteuerungsabkommen (DBA) mit dem Land, aus dem die Rente kommt, etwas anderes geregelt ist.

Praxis-Tipp: Wenn Sie festgestellt haben, dass Sie – weil im Ausland lebend – nur beschränkt steuerpflichtig sind –, dann hilft es manchmal als Trick in solchen Fällen, die Option zur unbeschränkten Steuerpflicht in Deutschland auszuüben (§ 1 Abs. 3 EStG). Damit lässt sich die Höhe der Einkommensteuer senken bzw. die Besteuerung sogar ganz vermeiden. Denn als unbeschränkt steuerpflichtige Person können Sie alle Freibeträge und auch den Grundfreibetrag für Deutschland voll anwenden. Für nur beschränkt steuerpflichtige Rentner gelten diese Vergünstigungen hingegen nicht.

Geregelt ist diese Wahlmöglichkeit in § 1 Abs. 3 des Einkommensteuergesetzes. Danach kann auf Antrag die unbeschränkte Einkommensteuerpflicht gelten, wenn Ihr gesamtes Einkommen im Kalenderjahr zu mindestens 90 % der deutschen Besteuerung unterliegt oder wenn die Einkommen aus dem Ausland, z. B. eine ausländische Rente oder ausländische Mieteinkünfte, in Summe geringer sind als der für das Veranlagungsjahr geltende deutsche Grundfreibetrag. Dies dürfte bei vielen im Ausland lebenden Rentnern der Fall sein.

Dann wird der Grundfreibetrag gekürzt, soweit es nach den Verhältnissen im Wohnsitzstaat der Steuerpflichtigen notwendig und angemessen ist. So wurde z. B. der Grundfreibetrag für das Jahr 2012 für Ruheständler gekürzt, die in Polen oder Rumänien lebten und deutsche Rente bezogen. Diese Kürzung erfolgt, weil in Polen und Rumänien die Lebensverhältnisse und insbesondere die Kaufkraft geringer sind. Daneben ist der Grundfreibetrag um Einkünfte zu reduzieren, die der oder die Betreffende im Ausland erzielt hat. Hier müssen sich Auslandsrentner die dortigen Einkünfte für die Finanzbehörden bescheinigen lassen. Manchmal bleibt dann vom Grundfreibetrag nicht viel übrig. Trotzdem empfiehlt sich der Antrag auf unbeschränkte Steuerpflicht, weil sich damit dann die Sonderausgaben und außergewöhnlichen Belastungen absetzen lassen. Hierzu gehören beispielsweise Beiträge zur Haftpflichtversicherung sowie diejenigen Krankheits- und Pflegekosten, die selbst getragen wurden.

Im Ausland lebende Rentner bekommen häufig, wenn sie vom Finanzamt aufgefordert werden, eine deutsche Steuererklärung abzugeben, auch das Formular zum Antrag auf unbeschränkte Steuerpflicht mitgeschickt.

Viele im Ausland lebende Rentner wussten bislang nicht, dass sie gegebenenfalls noch Steuern auf ihre Renten zahlen müssen. Die Finanzämter haben angefangen, Auslandsrentner nunmehr aufzufordern, die entsprechenden Steuererklärungen abzugeben. Das Finanzamt hat die Möglichkeit, Zwangsgelder festzusetzen, wenn die Steuererklärung nicht abgegeben wird. Diese können mittlerweile auch im Ausland vollstreckt werden. Viel schlimmer ist, dass der Fiskus möglicherweise eine aus Deutschland kommende Rente pfänden kann. Deshalb sollten sich auch im Ausland lebende Rentner über die Besteuerung ihrer Alterseinkünfte informieren. Denn mit einem Antrag auf unbeschränkte Steuerpflicht erreichen Sie oftmals mehr als durch eine rechtswidrige Nichtabgabe der Steuererklärung.

6.2 Besteuerung ausländischer Renten

Aus der Vorschrift zu den sonstigen Einkünften ergibt sich die eigentliche Besteuerung der Renten (§ 22 EStG).

Dazu gehören für eine unbeschränkt steuerpflichtige Person auch ausländische Renten oder Pensionen. Diese ausländischen Altersbezüge sind dann auch in Deutschland zu versteuern, da der unbeschränkt steuerpflichtige Rentner oder Pensionär in Deutschland mit seinem Welteinkommen steuerpflichtig ist. Welteinkommen ist das gesamte Einkommen eines Rentners oder Pensionärs, egal von woher auf der Welt es kommt.

Die Steuerpflicht entfällt nur dann, wenn in einem zwischenstaatlichen Vertrag oder einem Doppelbesteuerungsabkommen dazu etwas anderes geregelt ist. Oftmals wird dann die Steuer, die im jeweiligen ausländischen Herkunftsstaat abgeführt worden ist, in Deutschland angerechnet.

So gilt z. B. aufgrund eines Doppelbesteuerungsabkommens mit Frankreich, dass Ruhegehälter und Leibrenten in dem Land besteuert werden, in dem der Bezugsberechtigte ansässig ist. Das heißt, eine in Deutschland ansässige Person muss auch ihre französische Rente in Deutschland versteuern.

Zum Teil sehen solche Abkommen auch vor, dass zumindest gesetzliche oder staatliche Renten in dem Staat besteuert werden, aus dem sie stammen. Ruhegehälter aus öffentlichen Kassen unterliegen beispielsweise aufgrund des Doppelbesteuerungsabkommens mit Frankreich damit dem Kassenstaatsprinzip.

Beispiel: Ruhegehalt aus einer öffentlichen Kasse in Frankreich

Ein in Deutschland ansässiger Rentner bekommt ein Ruhegehalt aus einer französischen öffentlichen Kasse. Dieses Ruhegehalt ist in Deutschland von der Besteuerung freigestellt und unterliegt lediglich dem Progressionsvorbehalt. Das Ruhegehalt wird in Frankreich besteuert. Für die Ermittlung des deutschen Steuersatzes wird jedoch auch das französische Ruhegehalt berücksichtigt, selbst wenn es nicht in Deutschland besteuert wird.

Das alleinige Besteuerungsrecht steht allerdings dem Staat zu, in dem der Rentner ansässig ist, wenn der Rentner die deutsche Staatsangehörigkeit hat, ohne gleichzeitig französischer Staatsbürger zu sein. Insoweit bleibt es im Regelfall bei der Besteuerung in Deutschland auch für die Renten aus dem Ausland, insbesondere aus Frankreich.

Beispiel: Französische gesetzliche Rente

Ein deutscher Rentner hat 20 Jahre in Frankreich gearbeitet und bekommt aus der französischen gesetzlichen Rentenversicherung eine Rente. Diese wird nicht in Frankreich, sondern auch in Deutschland versteuert.

Auch mit den Niederlanden und Spanien gibt es jeweils ein Doppelbesteuerungsabkommen für Rentner.

Deutsche Rentner, die im Ausland leben, müssen, soweit vorhanden, das entsprechende Doppelbesteuerungsabkommen berücksichtigen. Mit welchen Staaten Deutschland ein Doppelbesteuerungsabkommen hat, lässt sich in Internet einsehen (www.bundesfinanzministerium.de → Themen → Steuern → Internationales Steuerrecht).

7. Die grössten Steuerfallen für Ruheständler

Einige Fallen in Sachen Besteuerung von Alterseinkünften können für besonders böse Überraschungen sorgen. Deshalb sollten Sie sich klarmachen, wo die Fallstricke lauern.

7.1 Steuerfalle 1: Weggeworfene Belege

Die größte Steuerfalle für Rentner liegen darin, dass die Betroffenen oftmals nicht wissen, ob und wann sie Steuern zahlen müssen. Erst wenn das klar ist, können sie Maßnahmen treffen, um die anfallenden Steuern so gering wie möglich zu halten. Das geht natürlich nur im laufenden Jahr und nicht rückwirkend. So kann sich eine vermietete Immobilie lohnen, wenn sie steuerlich zu Verlusten führt, die mit den steuerpflichtigen Renteneinkünften verrechnet werden können.

Viele Rentner erfahren erst nachträglich durch eine Aufforderung des Finanzamtes, dass sie eine Einkommensteuererklärung abgeben und Steuern bezahlen müssen. Manchmal besteht diese Pflicht sogar für mehrere Jahre nachträglich. Das ist in der Vergangenheit häufiger vorgekommen. Dann drohen oft Nachzahlungen von mehreren Tausend Euro. Auch jede Rentenerhöhung kann höhere Steuern auslösen.

Wenn dann für mehrere Jahre nachträglich eine Einkommensteuererklärung abgegeben werden muss, fehlen womöglich die Belege, um die Steuer zu senken. Das können zum Beispiel die Belege für Handwerkerleistungen im Eigenheim oder die Haushaltshilfe sein.

Praxis-Tipp: Belege vorsorglich aufheben

Rentner, die noch keine Steuern zahlen, sollten trotzdem solche Belege aufbewahren, um für den Fall der Fälle gerüstet zu sein.

7.2 Steuerfalle 2: Steuerschätzungen und Nachzahlungszinsen

Eine weitere Steuerfalle für Rentner liegt darin, die Einkommensteuerpflicht zu unterschätzen. Auch Rentner müssen sich mit dem Fiskus auseinandersetzen und sich durch den Formulardschungel der Einkommensteuererklärung kämpfen.

Vor allen Dingen, wenn die Erklärungspflicht ignoriert wird, drohen Schätzungen und Nachzahlungszinsen. Die Zinsen für verspätete Steuerzahlungen betragen einheitlich 6 % pro Jahr und liegen damit weit über dem derzeitigen Zinsniveau. Fallen Zinsen für höhere Nachzahlungen über mehrere Jahre an, so kommen womöglich erhebliche Beträge zusammen. Die Zinspflicht beginnt allerdings erst im 16. Monat nach Ende des betreffenden Steuerjahres (Veranlagungszeitraumes). Letzterer entspricht bei Rentnern und Pensionären, die nichtselbstständig sind, wiederum dem Kalenderjahr, in dem die betreffenden Einkünfte erzielt wurden.

7.3 Steuerfalle 3: Progressive Wirkung von Rentennachzahlungen und Hinzuverdiensten

Höhere Nachzahlungen, die in einem Kalenderjahr zufließen, können den Steuersatz nach oben treiben. Sie können mit der Fünftelungsregelung Abhilfe schaffen – aber dazu müssen Sie die erhaltene Rentennachzahlung an der richtigen Stelle in der Anlage R eintragen (siehe Abschnitt 4.1.3 Rentennachzahlungen).

Auch ein kleiner Hinzuverdienst kann nach hinten losgehen, da auch kleine steuerpflichtige Nebenjobs den progressiven Steuersatz nach oben treiben können. Manchmal bleibt dann vom Hinzuverdienst kaum etwas übrig und zugleich steigt der Steuersatz, der auch auf die Rente anzuwenden ist. Diesen »Doppelungseffekt« sollten Sie kennen. Aus diesem Grunde sollten Sie sich als Rentner genau ausrechnen lassen, was auf Sie zukommt, wenn Sie weitere Einkünfte erzielen.

Andererseits kann sich manchmal eine Vermietung lohnen, wenn mit Abschreibungen und Zinsaufwendungen verrechenbare Verluste erzielt werden, die den Steuersatz und damit die Steuerlast senken.

7.4 Steuerfalle 4: Steuerpflicht durch Rentenerhöhungen

Unvorbereitet auf Rentenerhöhungen zu sein bedeutet ebenfalls zu riskieren, dass die Einkommensteuer auf die Rente die Erhöhung selbst vollständig auffrisst. Besteht nach der Erhöhung erstmalig eine Steuerpflicht, kann die Rentenerhöhung sich sogar negativ auswirken. Im Einzelfall bleibt dann womöglich nach der Erhöhung weniger übrig als vor der Erhöhung.

7.5 Steuerfalle 5: Steuerpflichtige Veräußerungsgewinne

Eine der schlimmsten Steuerfallen für Rentner und Pensionäre liegt jedoch in der Steuer auf sogenannte Veräußerungsgewinne. Jetzt könnte man fragen: Was haben Rentner und Pensionäre mit Veräußerungsgewinnen zu tun? Die Antwort ist einfach: Solche Gewinne kommen vor, sofern Sie etwa Immobilien, Edelmetalle, Antiquitäten oder Oldtimer kaufen und wieder verkaufen.

Zwar sind private Veräußerungsgewinne dann steuerfrei, wenn zwischen dem Kauf und dem Verkauf die sogenannte Spekulationsfrist verstrichen ist. Ist dies aber nicht der Fall, unterliegen sie der Einkommensteuer. Geregelt ist dies in § 23 EStG. In diesen Ausnahmefällen wird der Differenzbetrag zwischen Veräußerungserlös und Anschaffungsbzw. Herstellungskosten besteuert. Diese Ausnahmen haben es jedoch in sich und können auch Sie als Rentner oder Pensionär betreffen.

Die Veräußerungsgewinne aus privaten Veräußerungsgeschäften gehören zu den sonstigen Einkünften aus § 22 EStG, die Details sind in § 23 EStG geregelt. Die Spekulationsfrist für Immobilien beträgt üblicherweise zehn Jahre, für Edelmetalle, Antiquitäten, Oldtimer etc. ein Jahr (siehe Aufzählung unten).

Werden Immobilien oder andere bewegliche Wirtschaftsgüter, wie z. B. Wert- oder Gebrauchsgegenstände, innerhalb bestimmter Fristen veräußert, unterliegt der Veräußerungsgewinn der Einkommensteuer. Das kann fatale Folgen haben, da über die bereits erwähnte Progressionswirkung der Steuersatz stark steigen kann. Dieser erhöhte Steuersatz ist dann auch auf die Besteuerung der Renten oder Pensionen anzuwenden.

Beträgt der Gewinn aus allen privaten Veräußerungsgeschäften in einem Kalenderjahr zusammen 600 € oder weniger, so bleibt der Veräußerungsgewinn insgesamt in dem Kalenderjahr steuerfrei. Wird diese Grenze allerdings nur um einen Cent überschritten, ist sofort der gesamte Veräußerungsgewinn zu versteuern.

Der Veräußerungsgewinn unterliegt bei folgenden Voraussetzungen der Einkommensteuer:

➤ Immobilien, die in den letzten drei Jahren nicht zu eigenen Wohnzwecken genutzt wurden, werden innerhalb von zehn Jahren seit Erwerb wieder mit Gewinn veräußert. Dazu gehören alle vermieteten Eigentumswohnungen, Ein-, Zwei- und auch Mehrfamilienhäuser sowie unbebaute Grundstücke, die im Wert gestiegen sind.

➤ Die Veräußerung von Wert- und Gebrauchsgegenständen ist steuerpflichtig, wenn zwischen Erwerb und Veräußerung weniger als ein Jahr liegt, wenn diese also innerhalb eines Jahres nach Anschaffung wieder veräußert werden. Solche Wert- und Gebrauchsgegenstände sind Schmuck, Uhren, Bilder, Münzen oder auch Autos. Werden durch die Nutzung dieser Gegenstände, z. B. einer Yacht, Einkünfte, beispielsweise aus Vermietung, erzielt, erhöht sich diese Frist auf zehn Jahre.

Beispiel: Wohnungsverkauf binnen fünf Jahren

R hat ein gutes Geschäft gemacht. Er hat in einem Jahr seine vermietete Eigentumswohnung, die er vor fünf Jahren gekauft hat, mit einem Gewinn von 30.000 € verkauft, da sie sich in einer sehr guten Lage befand. Er hat daneben noch in diesem Jahr seine Trompete, die er vor drei Jahren gekauft hat, sehr gut verkauft. Diese hat er mit einem Gewinn von 400 € veräußert, da sie von einem besonders hochwertigen Hersteller ist. R tritt einmal im Monat mit seiner Trompete in der Kneipe eines Freundes auf. Dafür er erhält er jeweils 100 €.

R hat daneben einen gebrauchten Oldtimer für 7.500 € gekauft, den er in der Provinz in einer Scheune entdeckt hatte. Sechs Monate später macht ihm ein Liebhaber alter Autos, Herr L, ein Angebot für das Fahrzeug, dem R nicht widerstehen kann. L bietet ihm 35.000 € für das seltene Fahrzeug.

Das sind Veräußerungsgeschäfte, deren Gewinne R in seiner Einkommensteuererklärung angeben muss. Die Freigrenze in Höhe von 600 € greift hier nicht, da die Veräußerungsgewinne in dem einen Jahr zusammen über dem Betrag in Höhe von 600 € liegen. Das heißt: Diese Gewinne muss R mit seinem persönlichen Einkommensteuersatz versteuern. Und der schnellt zudem durch die Progression beträchtlich in die Höhe, weil besagte Spekulationsgewinne zu den anderen Einkünften dazugezählt werden.

Verluste aus solchen Veräußerungsgeschäften können nur mit entsprechenden Gewinnen verrechnet werden und nicht mit anderen Einkünften. Verluste aus der Veräußerung von Gegenständen des täglichen Gebrauchs sind nicht mit Einkünften zu verrechnen. Dies gilt jedoch wiederum nicht für Wertgegenstände, die nicht für den täglichen Gebrauch geeignet sind, wie z. B. Schmuck, Münz- oder Briefmarkensammlungen, Oldtimer etc.

8. Hinzuverdienst

Als Altersrentner können Sie neben der Rente andere Einnahmen haben. Sie können noch als Angestellter und Selbstständiger tätig sein. Sie können Kapitaleinkünfte oder Vermietungseinkünfte haben. Hier stellt sich zum einen die Frage, ob und wie sich der Hinzuverdienst auf Ihre Rentenansprüche auswirkt. Zum anderen dürfte Sie interessieren, ob und in welchem Umfang Sie auf Ihren Hinzuverdienst Sozialversicherungsbeiträge entrichten müssen.

8.1 Droht eine Rentenkürzung?

Eine Rentenkürzung droht nicht, sofern die Hinzuverdiensthöchstgrenze nicht überschritten wird. Ab dem 65. Lebensjahr gibt es keine Hinzuverdiensthöchstgrenze. Für Rentner, die ab dem 65. Lebensjahr, demnächst ab dem 67. Lebensjahr, die Regelaltersgrenze erreicht haben, gilt: Sie können so viel hinzuverdienen, wie sie wollen, ohne Einbußen bei ihrer Rente befürchten zu müssen.

Die Regelaltersrente von 65. Jahren steigt allerdings schrittweise auf 67 Jahre an. Die Regelaltersgrenze für vor dem 1. Januar 1947 geborene Versicherte liegt bei 65 Jahren. Sind Sie nach dem 31. Dezember 1946 geboren, wird die Regelaltersgrenze für Sie schrittweise auf 67 Jahre angehoben.

Ein eventueller Hinzuverdienst muss bis dahin versteuert werden. Das gilt wiederum nicht für geringfügige Beschäftigungsverhältnisse, also die sogenannten 450-€-Jobs, da diese mit pauschalen Abgaben belegt werden und dann nicht der Lohnsteuer bzw. Einkommensteuer unterliegen.

Wer bereits vor der Regelaltersgrenze in Rente geht, muss bis zum 30.06.2017 bestimmte Hinzuverdiensthöchstgrenzen beachten: Immer, wenn eine Vollrente wegen Alters, z. B. als langjährig Versicherter ab dem

63. Lebensjahr, als Schwerbehinderter ab dem 63. Lebensjahr oder nach Arbeitslosigkeit oder Altersteilzeit ab dem 60. Lebensjahr, gezahlt wird, gilt als Hinzuverdiensthöchstgrenze der Betrag, der auch maximal für geringfügig Beschäftigte gilt. Sie dürfen in einem solchen Fall also maximal 450 € dazuverdienen, ohne dass Ihre Rente gekürzt wird.

Immerhin gibt es kleine Erleichterungen: Liegt der Verdienst zweimal im Jahr über der Grenze von 450 € bis maximal 900 €, wird die Rente nicht gekürzt. Liegt der Hinzuverdienst jedoch darüber, wird die Rente gekürzt. Die Höhe der Kürzung ist wiederum abhängig von der Höhe des Hinzuverdienstes. Die Kürzung kann je nach Hinzuverdienst um 1/3, um die Hälfte oder sogar 2/3 erfolgen. Im Einzelfall kann die Rente dann auch ganz entfallen.

Beispiel: Rentenkürzungen in Abhängigkeit vom Hinzuverdienst

Beträgt der Hinzuverdienst eines Rentners 500 €, wird die Rente um 1/3 gemindert. Liegt die Vollrente bei 1.200 €, wird die Rente um 400 € gekürzt. Lege die Rente bei 1.600 €, wäre die Kürzung (533,33 €) sogar höher als der Hinzuverdienst.

Bei einer Altersteilrente gibt es höhere Hinzuverdienstgrenzen. Diese werden individuell berechnet. In Ihrem Rentenbescheid werden Sie jeweils darüber informiert. Auch bei der Teilrente kann diese monatliche Hinzuverdienstgrenze zweimal jährlich bis zum Doppelten des zulässigen Betrages überschritten werden.

Falls Sie eine Witwenrente bekommen, dann gilt auch hier: Ein Hinzuverdienst kann unter Umständen zu einer Kürzung der Rente führen. Eine Kürzung der Witwenrente kommt immer dann in Betracht, wenn mit dem Hinzuverdienst die Hinzuverdienstgrenze überschritten wird. Bei einem Minijob ist dies zunächst nicht der Fall. Falls Sie jedoch einen höheren Verdienst haben, sind die Hinzuverdienstgrenzen zu beachten.

Überschreitet ein Rentner mit seinem Verdienst die Grenze für eine Vollrente, von 450 € für sechs Monate, wird auch ohne entsprechenden Antrag eine Teilrente gezahlt. Das gilt auch dann, wenn die Hinzuverdienstgrenze für die Teilrente eingehalten wird. Wer später wieder weniger verdient, kann dann binnen drei Monaten die höhere Rente wieder beantragen.

Beispiel: Hinzuverdienst über der geltenden Grenze

Ein Rentner verdient von Januar bis August monatlich 500 € und liegt damit über der Hinzuverdienstgrenze von 450 €. Ab Januar wird ohne Antrag eine Teilrente gezahlt. Stellt der Rentner dann spätestens im November einen Antrag auf die volle Rente, wird diese sogar rückwirkend ab September wieder in voller Höhe gezahlt.

Seit dem 01.07.2017 gelten für diejenigen, die vor der Regelaltersgrenze in Rente gehen, flexiblere Höchstverdienstgrenzen durch die neue Flexirente. Rentner können dann bei einer vorgezogenen Altersrente 6300 Euro im Jahr anrechnungsfrei hinzuverdienen. Der übersteigende Hinzuverdienst wird zu 40 Prozent auf die Rente angerechnet. Daneben gilt eine Obergrenze für den Hinzuverdienst.

Für die Besteuerung gilt, dass auch der Hinzuverdienst der Einkommensteuer unterliegt, es sei denn, es liegt ein pauschal besteuerter Minijob (450-€-Job) vor.

8.2 Sind Nebentätigkeiten für Rentner sozialversicherungspflichtig?

Grundsätzlich müssen auch für Rentner, die eine Tätigkeit neben der Rente aus angestellter Tätigkeit nachgehen, Sozialabgaben abgeführt werden. Die Sozialversicherungspflicht entfällt jedoch unter bestimmten Voraussetzungen, dies gilt zum einen für geringfügige Beschäftigte, sogenannte Minijobs (450-€-Jobs). Diese sind sozialversicherungsfrei, wenn das Entgelt im Monat 450 € regelmäßig nicht übersteigt. Gleiches gilt für kurzfristige Beschäftigungen. Kurzfristig sind jene Tätigkeiten, die längstens auf zwei Monate oder auf drei Monate oder 70 Arbeitstage beschränkt sind (früher: 50 Arbeitstage und zwei Monate).

Mehrere geringfügige Beschäftigungsverhältnisse sind zusammenzurechnen. Sie führen zur Sozialversicherungspflicht, wenn Sie dabei mehr als 450 € pro Monat verdienen oder die zeitliche Beschränkung für kurzfristige Beschäftigungen nicht beachten. Ein geringfügiges oder kurzfristiges Beschäftigungsverhältnis bleibt dagegen in der Regel sozialversicherungsfrei.

Auch die Art der Rente kann dafür maßgeblich sein, ob eine solche Tätigkeit sozialversicherungspflichtig ist.

Bei der Berufsunfähigkeitsrente besteht für die Nebentätigkeit Sozialversicherungspflicht, wenn es sich nicht um ein sozialversicherungsfreies Beschäftigungsverhältnis, wie z. B. einen echten Minijob, handelt. Die Arbeitslosenversicherung entfällt, wenn der Arbeitnehmer wegen Minderung der Leistungsfähigkeit andauernd der Agentur für Arbeit nicht mehr zur Verfügung steht, also nicht mehr an den Arbeitsmarkt vermittelt werden kann.

Bei einer Erwerbsunfähigkeitsrente besteht ebenfalls eine Sozialversicherungspflicht für die Nebentätigkeit. Arbeitslosenversicherungsbeiträge sind jedoch nicht zu zahlen.

Bei einer Altersvollrente oder Bankenpension gilt, dass die Nebentätigkeit rentenversicherungsfrei ist. Dieses gilt auch für eine geringfügige Beschäftigung. Hierbei müssen Sie dann noch nicht einmal explizit auf die Rentenversicherungspflicht verzichten, wie das sonst bei Minijobs der Fall ist, wenn Sie nicht möchten, dass von Ihrem Verdienst Beiträge in die gesetzliche Rentenversicherung eingezahlt werden. Die Rente oder Pension unterliegt natürlich weiterhin regulär der Einkommensteuer.

Beispiel: 450-€-Job als Nebentätigkeit

Ein Rentner, der reguläre Altersrente bezieht, arbeitet neben seiner Rente noch für einen Sicherheitsdienst als geringfügig Beschäftigter, sog. Minijobber, für 450 € monatlich. Da das Minijobverhältnis sozialversicherungsfrei ist und der Arbeitgeber pauschale Abgaben an die Bundesknappschaft, die sog. Minijob-Zentrale leistet, spielt dieses Arbeitsverhältnis bei der Einkommensteuer keine Rolle. In den pauschalen Abgaben des Arbeitgebers sind 2 % pauschale Lohnsteuer enthalten, die Abgeltungswirkung haben. Damit muss dieses Arbeitsverhältnis in der Einkommensteuererklärung nicht angegeben werden. Allerdings wird die pauschale Steuer auch nicht erstattet oder über die Einkommensteuererklärung angerechnet. Die Rente dagegen ist unabhängig davon zu versteuern, wenn der Grundfreibetrag nach Abzug des Rentenfreibetrages und der Werbungskostenpauschale überschritten ist.

9. Die 16 besten Steuertipps für Rentner und Pensionäre

Bei der Abgabe einer Steuererklärung haben Sie stets Gestaltungsspielraum. Sie können Dinge steuerlich absetzen oder steuerliche Vergünstigungen nutzen. Nutzen Sie Ihre Möglichkeiten. Denn damit lässt sich die Steuerlast merklich reduzieren – oder eine Besteuerung ganz vermeiden. Die wichtigsten Tipps habe ich in diesem Kapitel für Sie zusammengefasst.

9.1 Tipp 1: Werbungskosten absetzen

Eine wichtige Möglichkeit, die Steuerlast zu drücken, besteht darin, Werbungskosten geltend zu machen. Hier müssen Sie unterscheiden zwischen Werbungskosten, die sich auf Ihre Rente oder Pension beziehen, und Werbungskosten, die Ihre anderen Einkünfte betreffen.

Werbungskosten bei Renten und Pensionen

Als Rentner oder Pensionär erhalten sie einen Werbungskostenpauschbetrag von 102 €, ohne dass Sie konkrete Kosten oder Aufwendungen im Zusammenhang mit der Rente oder Pension nachweisen müssen. Obwohl Pensionäre, anders als Rentner, sonst weiterhin in vielen Bereichen, z. B. beim Lohnsteuerabzug, wie Arbeitnehmer behandelt werden, gilt für Pensionäre nicht der Pauschbetrag von 1.000 €, der für Arbeitnehmer gilt.

Beziehen bei einem Ehepaar beide Partner eine Rente oder Pension, steht jedem Ehegatten für seine Alterseinkünfte dieser Pauschbetrag zu. Es handelt sich bei dem Pauschbetrag um einen Jahresbetrag. Dieser wird allerdings nicht gekürzt, wenn die Voraussetzungen für die Rente nicht das gesamte Jahr vorgelegen haben und die Rente deshalb nur für einige Monate ausgezahlt wurde. Wird die Rente erstmalig im Dezember ausgezahlt, wird für den betreffenden Rentner der gesamte Pauschbetrag im Dezember berücksichtigt. Bezieht jemand mehrere Renten gleicher Art, wird der Pauschbetrag allerdings nur einmal berücksichtigt.

Als Rentner oder Pensionär können Sie jedoch höhere tatsächliche Ausgaben als Werbungskosten in der Einkommensteuererklärung geltend machen, wenn diese im Zusammenhang mit der Rente stehen und entsprechend belegt werden können. Solche Werbungskosten sind beispielsweise ...

➤ Steuerberaterkosten für die Erstellung Ihrer Einkommensteuererklärung, soweit es sich dabei um Aufwendungen für die Anlage R handelt. Die weiteren Kosten sind derzeit nicht absetzbar. Früher war das anders. Das Thema ist allerdings nach wie vor umstritten.

➤ das Geld, das Sie für dieses Buch gezahlt haben, da es die Besteuerung der Renten- und Pensionseinkünfte betrifft. Bewahren Sie den Kaufbeleg für Ihre Einkommensteuererklärung auf.

➤ Kosten aufgrund der Beantragung der Rente, z. B. Kosten für einen Rentenberater oder Rechtsanwalt, Fahrtkosten zur Rentenberatung oder zur Beschaffung notwendiger Unterlagen, Porto, Telefonkosten, Faxkosten.

➤ Rechtsanwalts- und Gerichtsgebühren bei Streitigkeiten über die Rentenberechtigung oder die Höhe der Rente etc.

Bleiben diese nachweisbaren Werbungskosten unter dem Pauschbetrag von 102 €, brauchen Sie diese nicht einzeln anzuführen und zu belegen, da dann automatisch dieser Pauschbetrag vom Finanzamt zu berücksichtigen ist.

Tipp: Sammeln Sie alle Belege

Belege für höhere Ausgaben sollten Sie unbedingt sammeln und aufbewahren. Neben den Kostenbelegen sollten dazu auch die Zahlungsbelege (Überweisungsträger oder Kontoauszüge) aufbewahrt werden. Auch Ihre Aufzeichnungen über entsprechende Fahrten gehören dazu, pro gefahrenem Kilometer können Sie 0,30 € steuerlich geltend machen. Die entsprechenden Nachweise sind auf Anforderung der Finanzverwaltung vorzulegen. Am besten fügen Sie diese gleich der Steuererklärung bei. Falls Sie Ihre Steuererklärung elektronisch ans Finanzamt übermitteln, reichen Sie die Belege nach. Haben Sie dort den Vermerk gesetzt, die Erklärung ohne Belege zu übermitteln, werden die Belege in der Regel nachgefordert.

Wichtig: Wenn die Belege nicht nachgefordert wurden, prüfen Sie auf jeden Fall, ob die höheren Werbungskosten auch im Einkommensteuerbescheid berücksichtigt worden sind. Es kann ansonsten nämlich sein, dass das Finanzamt wegen fehlender Belege nur den Werbungskostenpauschbetrag von 102 € berücksichtigt hat.

Tipp: Steuerberater soll Anlage R separat ausweisen

Weisen Sie Ihren Steuerberater darauf hin, dass er die Kosten, die auf die Anlage R entfallen, in seiner Rechnung gesondert ausweist, damit das Finanzamt diese Kosten auch als Werbungskosten im Zusammenhang mit Ihrer Rente anerkennt. Für Pensionäre gilt das analog für Anlage N.

Zu den Werbungskosten gehören auch die Kontoführungsgebühren für ein Girokonto. Diese können auch pauschal mit 16 € angesetzt werden, selbst wenn Sie ein kostenfreies Konto besitzen.

Werbungskosten im Zusammenhang mit anderen Einkünften

Bei Rentnern und Pensionären ergeben sich im Rentenalter oftmals neben Renten und Pensionen Einkünfte aus nichtselbstständiger Tätigkeit sowie zusätzliche Versorgungsbezüge. Letztere werden vor allem als Beamtenpensionen sowie Betriebs- oder Werksrenten ausgezahlt. Dies erfolgt neben den sonstigen Einkünften, den Altersrenten aus der gesetzlichen Rentenversicherung, aus privaten Rentenversicherungen oder aus Versorgungswerken.

Oftmals haben Rentner und Pensionäre zusätzlich noch Einkünfte aus Kapitalvermögen, z. B. Zinsen, Dividenden oder Veräußerungsgewinne aus Aktien und sonstigen Wertpapieren. Gegebenenfalls kommen dann noch Einkünfte aus Vermietung und Verpachtung in Betracht, wenn Rentner und Pensionäre noch ein Mietshaus oder eine Mietwohnung haben.

Steuerpflichtig ist die Differenz des Überschusses zwischen den Einnahmen und den Werbungskosten. Das heißt, von den Einnahmen können Werbungskosten abgezogen werden.

Werbungskosten sind all die Aufwendungen, die zur Sicherung und Erhaltung der jeweiligen Einnahmen sowie zur Entstehung solcher Einnahmen selbst führen. Diese sind jeweils bei den entsprechenden Einkommensarten zu berücksichtigen, für die sie entstanden sind. Zum Teil gibt es auch Pauschbeträge, die ohne Nachweis und Belege als Werbungskosten berücksichtigt werden können. Bei den Einkünften aus Kapitalvermögen gibt es zum Beispiel nur einen Pauschbetrag, den sogenannten Sparerpauschbetrag. Er deckt alle Werbungskosten ab. Hier können die tatsächlichen Werbungskosten, selbst bei Nachweisen und Belegen über höhere Kosten, nicht berücksichtigt werden.

Die Pauschbeträge für Werbungskosten nach Einkunftsarten sortiert, können Sie der nachfolgenden Tabelle 15 entnehmen:

Einkunftsart	Pauschbeträge Werbungskosten
Renten/Pensionen	102 €/102 €
Arbeitnehmer	1.000 €
Vermietung und Verpachtung	Kein Pauschbetrag
Kapitaleinkünfte	801 € bei Einzelveranlagten und Singles/1.602 € bei Ehegatten (Zusammenveranlagung)

Tabelle 15: Werbungskostenpauschbeträge im Überblick

Die Gewinneinkunftsarten, z. B. bei gewerblicher oder selbstständiger Tätigkeit, sehen keine pauschalen Freibeträge vor. Hier müssen die Betriebsausgaben stets einzeln nachgewiesen werden.

Tipp: Diese Werbungskosten sollten Sie nicht vergessen

Werbungskosten bei Arbeitnehmern sind auch Gewerkschaftsbeiträge und Schuldzinsen, wenn Sie etwa freiwillige Beiträge in die Angestelltenversicherung mit einem Kredit finanziert haben. Auch Rechtsberatungs- und Prozesskosten im Zusammenhang mit Abfindungen sind Werbungskosten.

9.2 Tipp 2: Verluste aus Vermietung und Verpachtung gezielt nutzen

Viele Rentner und Pensionäre haben noch ein Haus oder eine Eigentumswohnung, die sie vermieten, als Baustein ihrer Altersversorgung. Die Finanzierungszinsen waren in den letzten Jahren durchaus günstig, sodass sich die Vermietung häufig gelohnt hat. Mit Abschreibungen und dem Ansatz der Erhaltungsaufwendungen und der Zinsen konnte durch Verluste manchmal auch ein kleiner Steuervorteil erzielt werden.

Das funktioniert natürlich auch noch bei Rentnern und Pensionären, die bereits Rente oder Pension erhalten und Steuern zahlen. Selbst die Anschaffung eines Mietobjekts lohnt dann womöglich im Einzelfall noch. Die Verluste aus Vermietung und Verpachtung können steuerlich voll verrechnet werden.

Beispiel: Verluste aus Vermietung und Verpachtung

Eine Eigentumswohnung wurde für 100.000 € einschließlich Kaufnebenkosten gekauft. Vom Kaufpreis entfallen 20.000 € auf das Grundstück und die restlichen 80.000 € auf die Wohnung und die Erwerbsnebenkosten (Notar-, Grundbuchkosten, Grunderwerbsteuer).

Rentner R hat zur Finanzierung ein Darlehen in Höhe von 50.000 € aufgenommen. Die Zinsen betragen effektiv 1,8 % pro Jahr. Die weiteren 50.000 € hat er aus Eigenkapital finanziert.

Die Wohnung ist für 300 € kalt vermietet. Im vierten Jahr nach der Anschaffung muss er in der Wohnung das Badezimmer für 2.500 € erneuern.

Es ergibt sich folgender mit den Renten-/Pensionseinkünften verrechenbarer Verlust:

Kaltmiete in dem Jahr: 12 x 300 € =	3.600 €
Abzüglich Zinsen 1,8 % von 50.000 € =	900 €
Abzüglich Abschreibung 2 % von 80.000 € =	1.600 €
(auf Wohnung ohne Grundstück)	
Abzüglich Kosten für Badrenovierung =	2.500 €

Verrechenbarer Verlust aus Vermietung: 1.400 €

Die Steuerersparnis richtet sich dann nach dem jeweils individuellen Steuersatz.

Deutlich wird, dass sich dieses Modell für Sie nur lohnt, wenn höhere Renten oder Pensionseinkünfte oder anderweitige Einkünfte vorliegen.

Die Miete ist natürlich wie eine Aufstockung der Altersversorgung zu betrachten, sofern die Mieter solvent sind und ihre laufende Miete zuverlässig zahlen.

Rentner können somit auch Verluste, z. B. durch Einkünfte aus Vermietung und Verpachtung, generieren und diese dann mit ihren Renteneinkünften verrechnen.

Tipp: Fremdfinanzierung produziert Verluste

Je höher die Rente, umso mehr sollten Sie dafür sorgen, verrechenbare Verluste zu haben, z. B. aus Vermietung und Verpachtung. Dabei gilt: Nutzen Sie eine Fremdfinanzierung Ihres Mietobjekts und zahlen Sie die Kreditraten durch die laufenden Mieten.

9.3 Tipp 3: Nutzen Sie gezielt den Splittingtarif bei der Einkommensteuer

Als weitere Vergünstigung kommt bei Ehegatten und eingetragenen gleichgeschlechtlichen Lebenspartnern das sogenannte Ehegattensplitting in Betracht. Dies ist ein besonderer Steuertarif, den Eheleute und eingetragene Lebenspartner erhalten. Dann wird nicht die steuerliche Grundtabelle angesetzt, sondern die sogenannte Splittingtabelle. Diese führt dazu, dass Steuervorteile entstehen. Das lohnt sich immer dann, wenn beide Ehegatten sehr unterschiedliche Jahreseinkommen haben. Denn dem Mehrverdiener kann der nicht genutzte Grundfreibetrag des weniger Verdienenden dann angerechnet werden. Zusätzlich werden noch die Einkünfte des Mehrverdienenden mit einem niedrigeren Steuersatz besteuert. Darin besteht der sogenannte Splittingvorteil. Er kann im Einzelfall mehrere Tausend Euro im Jahr ausmachen.

Voraussetzung für die Gewährung des Splittingtarifes ist, dass die Eheleute oder eingetragenen Lebenspartner in einem Kalenderjahr zumindest noch für einen Tag zusammengelebt haben, das heißt, nicht dauernd getrennt waren. Wird allerdings als Trennungsdatum der 2. Januar angegeben, ist das Finanzamt meist skeptisch. Auch Versöhnungsversuche können dazu führen, dass die gemeinsame Veranlagung wieder möglich ist. Allerdings müssen erfolglos gebliebene Versöhnungsversuche von einer gewissen Dauer sein. Die Finanzgerichte gehen dabei von einer Mindestdauer von vier bis sechs Wochen aus. Zudem muss dem Finanzamt der Versöhnungsversuch dargelegt und nachgewiesen werden. Das ist in der Praxis nicht immer ganz einfach.

Tipp: Wohnsitz wieder beim Partner anmelden

Melden Sie sich auch für einen Versöhnungsversuch wieder in der Wohnung Ihres Ehe- oder Lebenspartners an und danach wieder ab. So wird die Dauer des Versöhnungsversuches genauestens dokumentiert.

9.4 Tipp 4: Nutzen Sie sonstige Steuerermäßigungen für Rentner und Pensionäre

Für Rentner und Pensionäre gibt es Steuerermäßigungen. Diese basieren darauf, dass der Gesetzgeber Senioren ab einem bestimmten Alter Entlastungen gewähren will. Allerdings sind diese Vergünstigungen wiederum an bestimmte Bedingungen geknüpft.

Veräußerung oder Aufgabe eines Geschäfts/einer Praxis

Auch Rentnern und Pensionären, die im Renten- und Pensionsalter einen Betrieb oder eine Praxis veräußern, werden ab einem bestimmten Alter Steuerermäßigungen gewährt.

Bei der Veräußerung oder Aufgabe eines Betriebes sind die stillen Reserven bzw. der Mehrertrag bei der Veräußerung zu versteuern. Hat der Steuerpflichtige das 55. Lebensjahr vollendet oder ist er dauernd berufsunfähig, wird ihm ein besonderer Freibetrag und gegebenenfalls ein ermäßigter Steuersatz als Steuerprivileg gewährt.

Berufsunfähig ist, wer nach dem Sozialversicherungsrecht als berufsfähig gilt. Das sind die Personen, deren Erwerbsfähigkeit wegen Krankheit oder Behinderung im Vergleich zur Erwerbsfähigkeit von körperlich, geistig oder seelisch gesunden Erwerbstätigen und mit vergleichbarer Ausbildung oder vergleichbaren Kenntnissen und Fähigkeiten auf weniger als sechs Stunden täglich gesunken ist.

Damit die Steuerprivilegien bei der Veräußerung oder Aufgabe eines Betriebs in Anspruch genommen werden können, müssen wesentliche Betriebsteile veräußert werden. Der Käufer muss damit den Betrieb fortsetzen können. Es dürfen also nicht nur unselbstständige Teile des Betriebes veräußert werden. Dafür werden die Privilegien nicht gewährt.

Tipp: Aufs Datum der Veräußerung oder Betriebsaufgabe achten

Um den Vorgang der Betriebsaufgabe oder Betriebsveräußerung steuerlich zu optimieren, sollten Sie darauf achten, zu welchem Datum die Veräußerung oder Betriebsaufgabe stattfindet. Es kann erheblich sein, ob die Veräußerung oder Aufgabe im alten oder neuen Jahr liegt. Wichtig ist, dass die Veräußerung erst nach der Vollendung des 55. Lebensjahr stattfindet. Werden Ihre Ein-

künfte dann geringer, da Sie nur noch von Renten oder Kapitaleinkünften leben, empfiehlt es sich, die Betriebsaufgabe in das
folgende Jahr zu schieben, da dann geringere Einkünfte erzielt
werden und damit die Progressionswirkung eintritt, das heißt,
der anzuwendende Steuersatz sinkt.

Liegen die Voraussetzungen für die Steuerprivilegien bei Veräußerung oder Aufgabe eines Betriebes, Gewerbes oder einer selbstständigen Tätigkeit vor, dann wird zunächst ein Freibetrag gewährt, der
sich derzeit auf 45.000 € beläuft. Sie müssen also zunächst den Veräußerungsgewinn ermitteln. Erst wenn dieser über 45.000 € liegt,
wird er überhaupt zu einer Steuer herangezogen.

Veräußerungsgewinn ist der Betrag, um den der Veräußerungs-
preis nach Abzug aller Kosten den Wert des Anteils oder des Betriebsvermögens übersteigt. Der Wert des Betriebsvermögens oder
Anteils wird für den Zeitpunkt der Veräußerung ermittelt und ist in
der Regel der Wert, der den Anschaffungskosten abzüglich der geltend gemachten Abschreibungen entspricht. Somit sind im Veräußerungsgewinn auch die Wertsteigerungen des Betriebsvermögens enthalten.

**Beispiel: Von 100.000 € Veräußerungsgewinn müssen nur
55.000 € versteuert werden**

Der Gewinn aus der Veräußerung eines Architekturbüros beträgt
100.000 €. Er ist damit aufgrund des Freibetrages von 45.000 €
nur mit 55.000 € in dem Jahr der Veräußerung zu versteuern.

Ist der Veräußerungs- oder Aufgabengewinn größer als 136.000 €, so
ist der Freibetrag anteilig um den übersteigenden Betrag zu kürzen.

Beispiel: Kürzung des Freibetrags

Der Gewinn aus der Veräußerung einer Arztpraxis beträgt
155.000 €. Der 136.000 € übersteigende Teil beträgt 19.000 €.
Um diesen Betrag wird der Freibetrag von 45.000 € gekürzt, sodass ein Freibetrag von 26.000 € verbleibt.

Der Freibetrag wird nur auf Antrag gewährt und kann vom Steuerpflichtigen jeweils nur einmal im Leben in Anspruch genommen werden.

Darüber hinaus wird der Gewinn nicht mit dem persönlichen
Steuersatz besteuert. Vielmehr unterliegt der Gewinn nach Abzug
des erwähnten Freibetrages aus der Veräußerung oder Aufgabe eines
Betriebs oder einer Praxis, soweit er 5.000.000 € nicht übersteigt, einem ermäßigten Steuersatz. Auch hier ist Voraussetzung, dass der
Steuerpflichtige bei Veräußerung oder Aufgabe des Betriebes das
55. Lebensjahr vollendet hat oder dauernd berufsunfähig ist.

Auch die Steuerermäßigung wird nur auf Antrag gewährt und kann
nur einmal im Leben beansprucht werden. Der ermäßigte Steuersatz beträgt 56 % des durchschnittlichen Steuersatzes, der sich nach dem gesamten zu versteuernden Einkommen zuzüglich der dem Progressionsvorbehalt unterliegenden Einkünfte ergibt. Mindestens beträgt er jedoch
14 %. Veräußert ein Steuerpflichtiger in einem Veranlagungszeitraum
zwei Unternehmen, so kann er diese Ermäßigung nur für einen Veräuße-
rungsvorgang beantragen. Geregelt ist dieses im § 34 Abs. 3 Einkommensteuergesetz in Verbindung mit § 16 Einkommensteuergesetz.

9.5 Tipp 5: Sonderausgaben: Pauschale oder Einzelnachweis

Bei den Sonderausgaben wird eine Pauschale von 36 € pro Person
gewährt, wenn nicht höhere Kosten nachgewiesen werden. Abzugsfähig sind auch Beiträge zur Kranken-, Pflege-, Haftpflicht- und Un-

fallversicherung – nicht aber zu Sachversicherungen. Den Nachweis führen Sie wahlweise über die Abbuchungsbescheinigung der Versicherung oder aber über den Kontoauszug, aus dem die betreffende Abbuchung der jeweiligen Versicherungsprämien hervorgeht.

9.6 Tipp 6: Behindertenpauschbetrag nutzen oder außergewöhnliche Belastungen absetzen

Ältere Menschen haben häufig eine Behinderung. Auch wenn die Beeinträchtigungen manchmal nicht sehr groß sind, kann eine solche Behinderung doch aufgrund von Rückenleiden oder sonstigen Erkrankungen vorliegen. Ist ein Grad der Behinderung medizinisch festgestellt worden, lässt sich unter Umständen ein gewisser Pauschbetrag von der Steuer absetzen. Dieser Pauschbetrag dient der Abgeltung der Aufwendungen, die ein Behinderter im täglichen Leben für gewisse Verrichtungen oder Pflege oder einen erhöhten Wäschebedarf hat.

Die folgende Tabelle 16 zeigt Ihnen an, welcher Behindertenpauschbetrag Ihnen jährlich bei welchem Grad der Behinderung zur Verfügung steht.

Grad der Behinderung (in %)	Behindertenpauschbetrag (jährlich)
25 – 30	310 €
35 – 40	430 €
45 – 50	570 €
55 – 60	720 €
65 – 70	890 €
75 – 80	1.060 €
85 – 90	1.230 €
95 – 100	1.420 €

Tabelle 16: Behindertenpauschbetrag in Abhängigkeit vom Grad der Behinderung

Den Pauschbetrag geltend zu machen kommt für Behinderte nur in Betracht, wenn die Aufwendungen nicht selbst als außergewöhnliche Belastung mit Einzelnachweisen geltend gemacht werden. Sie haben also ein Wahlrecht, ob Sie für das Kalenderjahr, also dem steuerlichen Veranlagungszeitraum, den Pauschbetrag in Anspruch nehmen oder ob Sie lieber Ihre Aufwendungen einzeln nachweisen und als außergewöhnliche Belastung geltend machen. Dieses Wahlrecht gilt für alle Aufwendungen zusammen. Sie können dieses Wahlrecht allerdings jährlich neu ausüben.

Die Tabelle zeigt: Der Pauschbetrag wird nicht für kleinere Behinderungen gewährt, sondern erst für behinderte Menschen, deren Grad der Behinderung sich auf mindestens 50 beläuft. Alternativ kann ein Pauschbetrag auch in Anspruch genommen werden, wenn der Grad der Behinderung mindestens 25 beträgt, und zusätzlich ...

➤   behinderungsbedingt im betreffenden Kalenderjahr nach gesetzlichen Vorschriften eine Rente oder andere laufende Bezüge gewährt worden sind oder

➤   die Behinderung zu einer dauernden Einbuße der körperlichen Beweglichkeit geführt hat oder

➤   die Behinderung auf einer typischen Berufskrankheit beruht.

Dies muss in der Regel in dem Bescheid über den Grad der Behinderung enthalten sein. Der Nachweis erfolgt in der Regel durch den Schwerbehindertenausweis oder einen vergleichbaren Bescheid. Diese Bescheide werden in der Regel vom zuständigen Versorgungsamt ausgestellt, das den Grad der Behinderung auch feststellt.

Ein Behindertenausweis wird überhaupt erst ab einem Grad der Behinderung (GdB) von 50 ausgestellt. Bei einem Grad der Behinderung unter 50 reicht die Bescheinigung des Versorgungsamtes aus, das aber auch zu den weiteren Voraussetzungen schriftlich Stellung nehmen muss, damit das Finanzamt die betreffenden Merkmale anerkennt.

Ergänzend ist dann natürlich auch der Rentenbescheid vorzulegen. Den Pauschbetrag gewährt das Finanzamt im betreffenden Veranlagungsjahr auch dann in voller Höhe, wenn die Voraussetzungen nicht während des ganzen Kalenderjahres vorgelegen haben. Der Pauschbetrag wird also nicht anteilig gekürzt. Ändert sich der Grad der Behinderung im laufenden Jahr, dann wird steuerlich immer der höhere Satz berücksichtigt.

Haben Rentner besonders starke Behinderungsmerkmale mit besonderen Kennzeichen, gelten erhöhte Pauschbeträge: So berechtigen die Merkmale »blind« (Kürzel BL) oder »hilflos« (Kürzel H) dazu, einen Behindertenpauschbetrag von 3.700 € in Anspruch zu nehmen.

Hilflosigkeit ist immer dann gegeben, wenn zur Sicherung der persönlichen Existenz im Ablauf eines jeden Tages dauernd fremde Hilfe benötigt wird. Diese Hilflosigkeit wird im Bescheid oder Behindertenausweis durch das Merkmal H gekennzeichnet.

Für den erhöhten Pauschbetrag für Hilflose und Blinde genügt auch wiederum als Nachweis der Schwerbehindertenausweis. Wird H für hilflos gewährt, ist dies in der Regel mit dem Pflegegrad 4 oder 5 gleichzusetzen. Es reicht auch hier als Nachweis gegenüber dem Finanzamt die Bescheinigung des Versorgungsamtes über den Grad der Behinderung und die entsprechenden Merkzeichen.

Der Behindertenpauschbetrag wird jährlich gewährt, wenn in dem Jahr die Voraussetzungen vorliegen. Treten diese erst Ende des Jahres ein, so wird trotzdem der gesamte Jahrespauschbetrag gewährt und nicht etwa anteilig gekürzt.

Beispiel: Behinderung erst Mitte Dezember

Beim Rentner R wird festgestellt, dass seit dem 12. Dezember eine Behinderung mit dem Grad 50 besteht. R kann für den Pauschbetrag in Höhe von 570 € in seiner Einkommensteuererklärung ansetzen. Der Behindertenpauschbetrag wird nicht anteilig gekürzt.

Stellt das Versorgungsamt fest, dass die Behinderung sogar für die rückwirkenden Jahre bereits bestand, muss das Finanzamt die Steuerbescheide ändern, selbst wenn diese bestandskräftig sind. Dafür gibt es in der Abgabenordnung eine Änderungsvorschrift (§ 175 Abs. 1 Satz 1 Nr. 2 AO).

Beispiel: Rückwirkende Änderung bestandskräftiger Bescheide

Das Versorgungsamt stellt fest, dass Rentner R bereits seit drei Jahren einen Grad der Behinderung von 75 hat. Das Finanzamt muss dann auch die Bescheide der Vergangenheit ändern, selbst wenn ein Einspruch nicht eingelegt worden ist und den Pauschbetrag von 1.060 € nachträglich ansetzen. Bereits gezahlte Einkommensteuer wird dann erstattet.

Falls Sie sich statt des Behindertenpauschbetrages für die Absetzung Ihrer Kosten gegen Einzelnachweis als außergewöhnliche Belastung entscheiden: Von den nachgewiesenen Kosten wird zunächst die zumutbare Eigenbelastung abgezogen, die zwischen 1 und 7 % der Einkünfte liegt (die genaue Höhe hängt von Ihrem Einkommen, von Ihrem Familienstand und von der Zahl der Kinder ab, für die Kindergeldanspruch besteht). Das heißt: Der Nachweis mit Einzelbelegen lohnt sich nur, wenn die zumutbare Eigenbelastung und der Pauschbetrag zusammen überschritten werden. Näheres zum Thema »außergewöhnliche Belastung« lesen Sie in Tipp 12 (S. 118).

Der Pauschbetrag hingegen wird immer ohne Kürzung berücksichtigt. Das gilt sogar, wenn keine oder geringere Aufwendungen aufgrund der Behinderung vorhanden waren. Eine zumutbare Eigenbelastung kommt bei Ansatz des Pauschbetrages auch nicht zum Tragen.

9.7 Tipp 7: Witwen- und Witwersplittung nutzen

Besondere Ermäßigungen gibt es auch für Witwen und Witwer. Diese sehen wie folgt aus:

Für Witwen/Witwer wird die Splittingtabelle sowohl im Todesjahr als auch noch im darauffolgenden Jahr angewandt, obwohl aufgrund des Todes des Ehegatten eine Zusammenveranlagung nicht mehr möglich ist. Hierdurch ermäßigt sich die Steuer für diese Zeiträume noch einmal. Ab dem zweiten Jahr nach dem Tod des Ehegatten wird allerdings dann ohne weiteren Übergang die Grundtabelle angewendet. Das sollten Sie im Auge haben, denn die Steuerbelastung kann sich ab diesem Zeitpunkt erheblich erhöhen.

9.8 Tipp 8: Steuern sparen durch Spenden

Spenden sind steuerlich absetzbar. Das heißt: Mit Spenden können Sie Ihre Steuerlast senken. Diese kann sogar so weit gesenkt werden, dass überhaupt keine Steuern anfallen.

Der Gesetzgeber hat die steuerliche Absetzbarkeit von Spenden eingerichtet, um die Spendenbereitschaft zu fördern. Dabei sind Spenden nur dann absetzbar, wenn sie für gemeinnützige, mildtätige oder kirchliche Zwecke sind. Sie sind dann als Sonderausgaben in der Einkommensteuererklärung anzugeben und mindern als solche die Steuerlast.

Die Absetzbarkeit ist jedoch an bestimmte Voraussetzungen geknüpft. Erforderlich ist, dass ...

➤ die Zahlung freiwillig und ohne Gegenleistung erfolgt ist, für entsprechende steuerbegünstigte Zwecke, also für gemeinnützige, mildtätige oder kirchliche Zwecke.
➤ der Empfänger wiederum die Steuerbegünstigung der entsprechenden Zwecke vom Finanzamt erhalten hat.

➤ die Spende mit einer Zuwendungsbescheinigung im Original nachgewiesen wird. Eine Quittung reicht nicht aus. Eine Ausnahme gilt jedoch für Spenden bis zu einer Höhe von 200 €. Hier gelten vereinfachte Nachweispflichten – in der Regel reicht als Beleg für die Spende ein Bareinzahlungsbeleg oder der Kontoauszug, aus dem die Abbuchung oder Überweisung hervorgeht.

Insgesamt können Spenden bis zu einem Anteil von 20 % der Einkünfte als Sonderausgaben abgesetzt werden.

Wichtig: Die Zuwendungsbescheinigung, die der Spendenempfänger ausstellt, muss eine Zuwendungsbescheinigung nach amtlichem Muster sein. Früher hieß das betreffende Dokument Spendenbescheinigung, heute heißt es Zuwendungsbestätigung. Die Bestätigung schickt Ihnen die von Ihnen bedachte gemeinnützige Organisation in der Regel von selbst zu.

Oftmals übermittelt der Empfänger die Bescheinigung auch direkt elektronisch ans Finanzamt. Seit 2017 soll dieses Verfahren Standard sein. Trotzdem sollten Sie als Rentner oder Pensionär wie alle anderen Steuerpflichtigen auch die Zuwendungsbescheinigungen aufbewahren. Sie müssen diese zwar nur auf Verlangen des Finanzamts einreichen, da statt einer Aufbewahrungspflicht nun eine Vorlagepflicht gilt. Daneben sollten Sie die Bescheinigungen aber auch schon deshalb aufbewahren, um später im Steuerbescheid zu kontrollieren, dass steuerlich auch der richtige Betrag berücksichtigt worden ist. Fehler passieren immer wieder, gerade in Massenverfahren wie der Einkommensteuerveranlagung. Auch für das Finanzamt bedeutet die steigende Zahl an Steuererklärungen von Rentnern und Pensionären eine Mehrbelastung. Elektronische Übermittlungen sind ebenfalls zum Teil fehlerhaft. Deshalb gilt auch hier: »Vertrauen ist gut, Kontrolle ist besser.«

Bei Spenden und Mitgliedsbeiträgen an gemeinnützige Organisationen bis zu 200 € je Zahlung genügt ein vereinfachter Nachweis. Es reicht hier der Bareinzahlungsbeleg oder Kontoauszug zum Nachweis der Spende. Gleiches gilt für Spenden an Universitäten, Fördervereine von Schulen oder ähnliche Organisationen. Diese vereinfachte Regelung gilt für Spenden an staatliche Behörden und gemeinnützige Organisationen sowie auch für Katastrophenfälle und Spenden an politische Parteien.

Der Betrag von 200 € gilt je Zahlung, sodass es sich empfiehlt, die Zahlungen aufzuteilen, da Sie dann auf die Zuwendungsbescheinigung als Nachweis verzichten können.

Der Einzahlungsbeleg muss allerdings den Namen, Kontonummer und Buchungstag sowie die tatsächliche Durchführung der Zahlung und den Betrag der Spende enthalten. Hierauf sollte geachtet werden. Bei normalen Kontoauszügen und Bareinzahlungsbelegen ist dies stets der Fall.

Der steuerbegünstigte Zweck muss aus der Unterlage hervorgehen. Zum Beispiel: »Seenotrettung« oder »Erdbebenhilfe« als mildtätiger Zweck. Aus dem Beleg muss hervorgehen, dass es sich um eine Spende oder einen Mitgliedsbeitrag für einen gemeinnützigen Verein handelt.

Wenn Sie an einen Verein spenden, dann sollte dieser tatsächlich gemeinnützig und von der Körperschaftsteuer befreit sein. Dies sollte bei höheren Spenden auch auf der Zuwendungsbestätigung stehen. Die entsprechenden Vereine geben Ihnen darüber Auskunft, ebenso auf Nachfrage das jeweils zuständige Finanzamt.

Sie können eine Spende auch per Lastschrift einziehen lassen. Dann müssen die oben genannten Angaben jedoch aus dem Verwendungszweck bzw. dem Kontoauszug hervorgehen. Dasselbe gilt für Zahlungen über die neuen Zahlungsmethoden wie paydirekt oder PayPal.

Spenden können auch als Sachspenden erteilt werden. Auch diese sind absetzbar. Sachspenden sind entweder Sachgegenstände, die Sie spenden, oder Arbeit, die Sie der betreffenden Organisation zur Verfügung gestellt haben. Hier müssen Sachzuwendungsbescheinigungen erteilt werden, aus denen der Wert der Sachspende hervorgeht.

Bei Spenden für Flüchtlinge gelten Sonderregelungen. Das Bundesfinanzministerium hat mit Schreiben vom 22. September 2015 alle Finanzämter angewiesen, eine großzügige Spendenpraxis bei Flüchtlingshilfespenden zu akzeptieren. Bei Spenden zwischen dem 1. August 2015 und dem 31. Dezember 2018 gelten diese Ausnahmeregelungen. Hier können Sie den vereinfachten Nachweis auch für Spendenbeträge über 200 € nutzen. Alle gemeinnützigen Organisationen dürfen diese Spenden sammeln.

Grundsätzlich haben Finanzämter auch die Möglichkeit, Spenden bis zu 100 € ohne jeden Beleg anzuerkennen. Erforderlich ist aber dann eine Auflistung der einzelnen Ausgaben oder der Empfänger mit den Einzelspenden. Ein rechtlicher Anspruch auf eine Anerkennung ohne Nachweis besteht allerdings nicht. Es handelt sich lediglich um eine interne Anweisung und Vereinfachungsregelung, um die Papierflut durch mitgeschickte Belege einzudämmen. Grundsätzlich sollen Belege für Spenden seit dem Veranlagungszeitraum 2017 erst auf Nachfrage durch das Finanzamt eingereicht werden. Erstmals werden Sie diese Praxis also üblicherweise bei Steuererklärungen erleben, die Sie ab 2018 abgeben.

Mit Spenden kann unter Umständen sogar erreicht werden, dass das zu versteuernde Einkommen unter den Grundfreibetrag sinkt und damit jegliche Steuer entfällt.

Beachten Sie allerdings, dass wirklich nur Zuwendungen für steuerbegünstigte Zwecke abzugsfähig sind. Der Spendenempfänger muss zudem eine inländische, steuerbegünstigte Organisation sein. Dies sollten Sie überprüfen, bevor Sie spenden. Eine inländische, steuerbegünstigte Organisation ist von der Körperschaftsteuer befreit. Es handelt sich dabei um entsprechende Vereine, Organisationen und Stiftungen, die das Finanzamt von der Körperschaftsteuer befreit hat. Daneben kommen als Spendenempfänger auch juristische Personen des öffentlichen Rechts infrage, wie z. B. Kirchen, Gemeinden, Landkreise, Bundesländer oder der Bund. Auch Universitäten als öffentliche Dienststellen und Fachhochschulen, Schulen, öffentliche Bibliotheken und staatliche Museen können diese Vorrausetzung erfüllen.

Dagegen sind Spenden, die direkt an einzelne bedürftige Personen wie z. B. Bettler gegeben werden, steuerlich nicht abzugsfähig. Etwas anderes gilt für die Spende in den Klingelbeutel der Kirche.

Diese ist absetzbar, auch wenn es in der Regel an Nachweisen mangelt. Auch hier liegt es im Ermessen des Finanzamts, geringe Beträge auch ohne Nachweis anzuerkennen. Die Mühe lohnt sich oft, eine Aufstellung über die einzelnen Klingelbeutelspenden zu machen und mit der Steuererklärung einzureichen.

Der bereits erwähnte Höchstbetrag, der jährlich als Spende abgesetzt werden kann, liegt bei 20 % der gesamten Einkünfte. Mehr ist als Sonderausgaben nicht abzugsfähig. Wahlweise gilt für Gewerbetreibende und Freiberufler sowie für Landwirte ein anderer abzugsfähiger Höchstbetrag. Dieser beläuft sich auf 0,4 % der Summe aus den Umsätzen, den entrichteten Löhnen und den gezahlten Gehältern. Gewerbetreibende und Freiberufler und Landwirte haben hier ein Wahlrecht.

Zusätzlich zu den Höchstbeträgen können weitere Spenden berücksichtigt werden, nämlich Spenden in den Vermögensstock einer gemeinnützigen Stiftung. Diese können im Jahr der Zuwendung und in den folgenden neun Jahren bis zu einem Gesamtbetrag von 1 Million € zusätzlich als Sonderausgaben abgesetzt werden. Bei Zusammenveranlagung von Ehegatten oder eingetragenen Lebenspartnerschaften verdoppelt sich dieser Betrag. Wie der Betrag auf die zehn Jahre verteilt wird, bleibt jedem Steuerpflichtigen selbst überlassen.

9.9 Tipp 9: Steuern sparen durch Parteispenden

Neben den eben genannten Spenden können zusätzlich noch Spenden und Mitgliedsbeiträge an politische Parteien zu einer Steuerermäßigung führen.

Die Steuerermäßigung für Parteispenden und Mitgliedsbeiträgen zu Parteien beträgt 50 % der Ausgaben, höchstens jedoch 825 € für Ledige bzw. 1.650 € für zusammenveranlagte Ehepaare oder eingetragene Lebenspartner. Dieser Betrag wird als Ermäßigung von der Steuerschuld abgezogen. Sind die Spenden und Mitgliedsbeiträge an Parteien höher, so kann für den überschießenden Betrag der Sonderausgabenabzug berücksichtigt werden. Der überschießende Spendenbetrag kann pro Jahr bis insgesamt 1.650 € bei Ledigen und 3.300 € bei zusammenveranlagten Ehepaaren zusätzlich als Sonderausgabe abgezogen werden.

Es werden jedoch nur solche Mitgliedsbeiträge und Spenden anerkannt, die an politische Parteien im Sinne des § 2 Parteiengesetzes gerichtet sind. Wahlweise kann der Spendenempfänger auch ein Verein ohne Parteicharakter sein, wenn dieser Verein mit eigenen Wahlvorschlägen an Wahlen auf Bundesland- oder Kommunalebene mitgewirkt hat, wenn er bei der letzten Wahl mindestens ein Mandat errungen hat oder wenn der Verein dem zuständigen Wahllokal angezeigt hat, dass er mit eigenen Wahlvorschlägen an der nächsten Wahl teilnehmen wird. Dieses müssen Sie beachten, damit die Voraussetzungen für die ermäßigte Besteuerung durch den Sonderausgabenabzug erfüllt sind.

9.10 Tipp 10: Wann Mitgliedsbeiträge steuerlich absetzbar sind

Auch Mitgliedsbeiträge können als Spenden abzugsfähig sein, wenn diese Spenden an solche Institutionen oder Vereine gezahlt werden, die überwiegend Leistungen über Mitglieder erbringen oder der eigenen Freizeitgestaltung dienen. Dieses sind Mitgliedsbeiträge an Vereine, die der Bildung, Erziehung, Jugendhilfe, Naturschutz, Landschafts- und Denkmalpflege dienen. Nicht abzugsfähig sind dagegen Mitgliedsbeiträge, die der kulturellen Betätigung im Rahmen der Freizeitgestaltung dienen, z. B. Gesangsvereine, Laientheatergruppen, Posaunenchöre, Kleingartenvereine, Karnevalsvereine oder Sportvereine.

Achten Sie bei einer Mitgliedschaft darauf, dass die Institution oder der Verein tatsächlich steuerbefreit ist. Dieser Vereinszweck sollte auch in der Satzung zugrunde gelegt sein. Sie sollten zunächst, damit der Spendenabzug nicht versagt werden kann, entsprechende Erkundigungen einholen.

9.11 Tipp 11: Haushaltsnahe Beschäftigungsverhältnisse, Dienst- und Handwerkerleistungen absetzen

Der Gesetzgeber hat vor einigen Jahren eine Steuerermäßigung für Aufwendungen für haushaltsnahe Beschäftigungsverhältnisse sowie haushaltsnahe Dienst- und Handwerkerleistungen eingeführt. Das soll der Vermeidung von Schwarzarbeit dienen. Gerade im Bereich der Haushaltshilfen und der haushaltsnahen Dienst- und Handwerkerleistungen wird sehr viel schwarzgearbeitet. Um diese Entwicklung zu dämpfen, hat der Gesetzgeber eine Steuerermäßigung eingeführt, mit der diese Leistungen im begrenzten Rahmen abgesetzt werden können, sofern ordnungsgemäß angemeldet. Haushaltsnahe Beschäftigungsverhältnisse, Dienst- und Handwerkerleistungen abzusetzen, ist auch für Rentner und Pensionäre als Steuersparmodell durchaus interessant.

Gerade Ruheständler leisten sich häufig eine Haushaltshilfe. Vielfach müssen sie auch Heizungswartungen und Reparaturen im Haus durch Handwerker durchführen lassen. Hiermit können Sie im erheblichen Umfang Steuern sparen.

Zu unterscheiden ist einmal zwischen haushaltsnahen Beschäftigungsverhältnissen, haushaltsnahen Dienstleistungen und Handwerkerleistungen, die alle steuerlich unterschiedlich behandelt werden:

➤ Um haushaltsnahe Beschäftigungsverhältnisse handelt es sich, wenn Sie jemanden als Arbeitnehmer in Ihrem Haushalt anstellen, etwa als Putz- oder Gartenhilfe. Das kann auch im Rahmen eines Minijobs (450-€-Jobs) geschehen.

➤ Um haushaltsnahe Dienstleistungen handelt es sich bei den Leistungen von nichtangestellten Personen oder Unternehmen, die auf Rechnung arbeiten und solche Arbeiten verrichten, die typischerweise auch ein Mitglied des Haushalts erledigen würde (z. B. Putzen, Waschen, Kochen, Heckenschneiden, Rasenmähen).

➤ Um haushaltsnahe Handwerkerleistungen handelt es sich dagegen bei Arbeiten, die typischerweise ein fachlich qualifizierter Handwerker auf Rechnung erbringt (z. B. Heizungswartung, Tapezieren, Streichen, Fliesenlegen).

All dieses wird privilegiert, wenn diese Leistungen in einem in der Europäischen Union oder in dem Europäischen Wirtschaftsraum liegenden Haushalt ausgeübt oder erbracht werden. Nicht als Sonderausgabe abgesetzt werden können sie, wenn sie bereits als Betriebsausgaben oder Werbungskosten geltend gemacht werden. Dieses ist bei Rentnern und Pensionären in der Regel allerdings nicht der Fall, sodass haushaltsnahe Beschäftigungsverhältnisse und Dienstleistungen sowie Handwerkerleistungen bei Rentnern und Pensionären üblicherweise zusätzlich absetzbar sind.

Die Steuerermäßigung ist nicht auf die in einem Haushalt lebenden Personen allein bezogen. Höchstbeträge können nur einmal für den Haushalt in Anspruch genommen werden. Angesetzt werden die Ausgaben bei dem, der die Kosten getragen hat.

Bei **haushaltsnahen Beschäftigungsverhältnissen** können die Aufwendungen abgesetzt werden, bei denen ein geringfügiges Beschäftigungsverhältnis im Sinne des Sozialgesetzbuches besteht und hier typischerweise haushaltsnahe Beschäftigungen erledigt werden, also Putzhilfen, Gartenhilfen, Haushaltshilfen etc. Die Einkommensteuer ermäßigt sich um 20 % der Aufwendungen des Steuerpflichtigen, höchstens jedoch um 510 € im Jahr, wenn Sie die Kosten in der Steuererklärung bei den Sonderausgaben geltend machen. Der Antrag wird durch ein entsprechendes Häkchen in der elektronischen Steuererklärung und durch das Ausfüllen der dazugehörigen Zeilen in der Steuererklärung gestellt.

Kosten für haushaltsnahe Beschäftigungsverhältnisse sind das Arbeitsentgelt sowie die pauschalen Abgaben an die Bundesknappschaft (sprich die Minijob-Zentrale). Darin enthalten sind Sozialversicherungsbeiträge, Lohnsteuer, Solidaritätszuschlag und Kirchensteuer. Voraussetzung ist, dass Sie Ihre Haushalts-, Garten-, Putz- oder sonstige Hilfe via Haushaltscheckverfahren bei der Bundesknappschaft anmelden. Schwierig ist das nicht. Auf der Homepage der Bundesknappschaft (www.minijob-zentrale.de) finden Sie unter dem Stichpunkt »Privathaushalte« dazu die erforderlichen Informationen und Unterlagen. Übrigens erhalten Sie (halb-)jährlich von der Minijob-Zentrale dann auch einen Nachweis, den Sie zusammen mit der Steuererklärung beim Finanzamt einreichen können.

Wichtig: Auch die Begleitung beim Arztbesuch oder die Begleitung von kranken, alten und pflegebedürftigen Personen bei Einkäufen können durch haushaltsnahe Beschäftigungsverhältnisse ausgeführt werden, wenn sie zu den Nebenpflichten der Haushaltshilfen entsprechend gehören.

Absetzen können Sie auch **haushaltsnahe Dienstleistungen**, also die Leistungen Selbstständiger bzw. Gewerbebetreibender in Ihrem Haushalt auf eigene Rechnung. Auch hier geht es also unter anderem um die Reinigung der Wohnung, Begleitungen, Gartenarbeiten, Winterdienst etc. Auch Pflege und Betreuungsleistungen fallen hierunter. Um 20 % der Kosten, höchstens jedoch um 4.000 € im Jahr, mindert sich dadurch Ihre Einkommensteuer. Hierzu gehören alle Tätigkeiten, die auch Gegenstand eines haushaltsnahen Beschäftigungsverhältnisses sein können. Sie sehen: Die Höchstgrenze, die im Kalenderjahr gilt, ist hier wesentlich höher.

Voraussetzung für die Absetzbarkeit ist ein Nachweis der Aufwendungen durch eine Rechnung oder einen Zahlungsbeleg. Wichtig: Barzahlungsbelege reichen nicht aus. Sie müssen den Dienstleister per Überweisung oder Lastschrift, also unbar bezahlen, sodass die Zahlung aus den entsprechenden Kontobelegen ersichtlich ist. Diese dienen dann ebenfalls als Nachweis.

Diese Steuerermäßigungen stehen im Übrigen auch Angehörigen einer pflegebedürftigen Person zu, die solche Leistungen in Anspruch nehmen und die nicht den Pflegepauschbetrag in Höhe von 924 € beantragt haben. Hier sollten Sie prüfen, was günstiger für Sie ist. In der Regel wird das der Ansatz des haushaltsnahen Beschäftigungs- und Dienstleistungsverhältnisses sein. Kostenerstattungen, die Sie von

Pflege- oder Krankenversicherungen für diese Dienstleistungen erhalten, müssen allerdings abgezogen werden.

Auch mit **haushaltsnahen Handwerkerleistungen**, sprich handwerklichen Tätigkeiten im eigengenutzten Haus oder der eigengenutzten Wohnung, können Sie Ihre Steuerlast verringern. Auch hierzu müssen Sie einen entsprechenden Antrag in der Steuererklärung stellen. Dann vermindert sich die Einkommensteuer um 20 % der Lohnkosten, maximal jedoch um 1.200 € im Jahr.

Zu den handwerklichen Tätigkeiten gehören Arbeiten, die von Handwerkern ausgeführt werden, wie Renovierungs- und Modernisierungsmaßnahmen sowie Erhaltungsaufwendungen. Darunter fallen etwa Malerarbeiten, Tapezierarbeiten, die Erneuerung von Fenstern und Heizkörpern oder Reparaturen an der Heizung, das Abschleifen und Ausbessern von Bodenbelägen, die Reparatur und Wartung Ihrer Heizung, Elektro-, Gas-, Wasserinstallationen, Sanitärinstallationen, Dacharbeiten.

Absetzen können Sie nur den Lohnanteil in der Rechnung einschließlich der Umsatzsteuer, nicht jedoch die Kosten für Material und Anfahrt. Bitten Sie die Handwerker also darum, den Lohn in ihrer Rechnung separat auszuweisen und zahlen Sie auch solche Rechnungen nicht in bar.

Werden für die Handwerkerleistungen öffentliche Mittel, zinsfreie Darlehensmittel oder steuerfreie Zuschüsse in Anspruch genommen, können sie nicht abgesetzt werden.

9.12 Tipp 12: Machen Sie außergewöhnliche Belastungen geltend

Rentner und Pensionäre können häufig durch außergewöhnliche Belastungen Steuern sparen. Zur Definition: Entstehen Ihnen zwangsläufig größere Aufwendungen als den meisten anderen vergleichbaren Steuerzahlern, können sie diese Aufwendungen bei Nachweis als außergewöhnliche Belastungen in der Einkommensteuererklärung geltend machen. Allerdings müssen diese Aufwendungen wirklich zwangsläufig entstehen (also unbedingt nötig sein). Zudem müssen diese Aufwendungen größer sein als bei der übrigen Mehrzahl der Steuerpflichtigen. Zwangsläufigkeit liegt vor, wenn ...

➤ Sie als Steuerpflichtiger sich diesen Ausgaben aus rechtlichen und tatsächlichen oder sittlichen Gründen nicht entziehen können und

➤ diese Aufwendungen den Umständen nach notwendig sind und

➤ diese Aufwendungen einen angemessenen Betrag nicht überschreiten.

Darunter fallen zum Beispiel Ausgaben, die durch Krankheit, Behinderung, Todesfall oder Unwetterschäden entstehen, wenn sie nicht von einer Versicherung oder Dritten ersetzt werden. Dazu gehören im Einzelnen:

➤ Kosten für Arzneimittel, die von der Krankenkasse nicht erstattet werden. Rezeptfreie Medikamente müssen allerdings vom Arzt verordnet sein. Darunter fallen dann auch allgemeine Vitaminpräparate, Stärkungsmittel, Bronchialtees, Knoblauchpillen oder Pflaster.

➤ Kosten für Heilmittel sind ebenfalls außergewöhnliche Belastungen. Dazu gehören: Massagen, Bewegungstherapie, Krankengymnastik etc., nicht jedoch Sauna, Fitnesstraining und Schwimmen.

➤ Auch Kosten für Hilfsmittel sind außergewöhnliche Belastungen: Darunter fallen unter anderem Brillen, Kontaktlinsen, Pflegemittel, Hörgeräte, Schuheinlagen, Gehstöcke, Stützstrümpfe und Rollatoren.

➤ Auch nicht von der Kasse erstattete Zuzahlungen sind außergewöhnliche Belastungen – gleichgültig, ob es sich dabei um Zuzahlungen für Arzneimittel, für Krankenhausaufenthalte oder für Patientenfahrten mit dem Taxi handelt.

> ➤ Beerdigungskosten gehören dann zu den außergewöhnlichen
> Belastungen, wenn der Nachlass des Verstorbenen diese nicht
> deckt.

Prozess- und Anwaltskosten gehören nur noch in besonderen Fällen
zu den außergewöhnlichen Belastungen. Die Finanzverwaltung geht
davon aus, dass diese in der Regel nicht zwangsläufig erwachsen.
Dieses gilt auch für Scheidungskosten. Bei Ehescheidungskosten
gibt es sehr viele Streitpunkte. Die Finanzverwaltung erkennt diese
in der Regel nicht an. Hier kann sich gegebenenfalls ein Einspruch
lohnen. Wird allerdings ein Teil der Ausgaben erstattet, kann nur
der Teil, der selber vom Steuerpflichtigen getragen wird, als außergewöhnliche Belastung angesetzt werden. Dazu ist im Einzelnen jedoch vieles umstritten. Nach der Rechtsprechung des Bundesfi-
nanzhofes sollen Zivilprozesskosten nur dann eine außergewöhnliche
Belastung darstellen, wenn der Rechtsstreit einen für den Steuerpflichtigen existenziell wichtigen Bereich oder den Kernbereich des
menschlichen Lebens berührt (BFH-Urteil vom 18. Juni 2015, VI R
17/14). Im Einzelfall ist dies nur schwer darzulegen. In der Regel ist
ein Prozess, sonst würde er nicht angestrebt, immer existenziell wichtig und berührt den Kernbereich menschlichen Lebens. Dieses dürfte zumindest bei einer Scheidung der Fall sein.

Rentner und Pensionäre sollten solche Kosten auf jeden Fall in
der Einkommensteuererklärung ansetzen und ausführlich darlegen,
warum ihnen diese zwangsläufig erwachsen sind.

Voraussetzung ist, dass diese Ausgaben dem Steuerpflichtigen
eben nicht zumutbar sind. Deshalb wird von den Kosten, die als
außergewöhnliche Belastung geltend gemacht werden, immer zuerst
der zumutbare Eigenanteil abgezogen. Wie hoch diese sogenannte
zumutbare Belastung im Einzelfall ist, entnehmen Sie der folgenden
Tabelle 17:

Höhe der Einkünfte (Gesamtbetrag)	bis 15.340 €	über 15.340 € bis 51.130 €	über 51.130 €
Keine Kinder und Anwendung der Grundtabelle	5 %	6 %	7 %
Keine Kinder und Anwendung der Splittingtabelle (Verheiratete und eingetragene Lebenspartner bei Zusammenveranlagung)	4 %	5 %	6 %
Ein oder zwei Kinder	2 %	3 %	4 %
Drei oder mehr Kinder	1 %	1 %	2 %

Tabelle 17: Die Höhe der zumutbaren Eigenbelastung

Mit Urteil vom 19. Januar 2017, Aktenzeichen: VI R 75/14 hat der Bundesfinanzhof entschieden, dass mit dem jeweils höheren Prozentsatz der jeweiligen Stufe nur noch der jeweils übersteigende Betrag berücksichtigt wird. Bislang wurde die zumutbare Eigenbelastung einheitlich nach dem höheren Prozentsatz ermittelt. Jetzt geschieht dieses entsprechend abgestuft. Damit verringert sich die zumutbare Eigenbelastung bei den außergewöhnlichen Belastungen.

Krankheitskosten sind vor allem die Kosten, die aufgrund der Krankheit entstehen und nicht von einer Versicherung oder Krankenkasse ersetzt werden. Dies gilt auch für Kosten, die aufgrund der Erkrankung eines Familienangehörigen entstehen. Abgesetzt werden können nur die selbst getragenen Aufwendungen, die der Heilung oder Linderung einer Krankheit dienen. Auch eine Schmerztherapie zählt dazu. Zudem können Sie Aufwendungen für Arzneien und Stärkungsmittel absetzen und ebenso – sofern zwangsläufig – Krankenhauskosten, Arzt- und Heilpraktikerkosten sowie Aufwendungen für Hilfsmittel, Brillen, Zahnersatz und Hörgeräte.

Ausgaben für die Vorbeugung von Krankheiten, z. B. Massagen oder präventive Mittel wie Vitaminpräparate, werden dagegen nicht anerkannt. Bei Medikamenten erfordert das Finanzamt als Nachweis der Zwangsläufigkeit die Verordnung durch einen Arzt oder Heilpraktiker. Bei Dauererkrankungen genügt die einmalige Vorlage als Nachweis dafür, dass diese Mittel regelmäßig gebraucht werden. Auch für Hilfsmittel wie Brillen oder Kontaktlinsen ist das Rezept eines Augenarztes notwendig. Zum Teil erkennt das Finanzamt die Aufwendungen dafür aber auch ohne Rezept an.

Grundsätzlich gilt jedoch, dass Sie dem Finanzamt die entsprechenden Nachweise, Atteste oder Gutachten vorlegen müssen.

Zu den Krankheitskosten gehören auch Fahrtkosten, die Ihnen bei Fahrten zum Arzt oder ins Klinikum entstehen. Hier können 0,30 € pro gefahrenen Kilometer angesetzt werden. Zu Nachweiszwecken legen Sie am besten eine entsprechende Tabelle an und notieren das Datum und den Namen des Arztes, zu dem Sie gefahren sind. Gegebenenfalls kann über die Krankenkasse nachgewiesen werden, dass diese Arzt- oder Krankenhausbesuche auch tatsächlich stattgefunden haben.

Sind Sie als Steuerpflichtiger aufgrund Ihres Alters oder aufgrund Ihrer Krankheit auf eine Begleitperson angewiesen, können auch die Fahrtkosten für die Begleitperson abgesetzt werden.

Auch Reisekosten für Besuchsfahrten zu kranken Angehörigen können als außergewöhnliche Belastungen in Ansatz gebracht werden. Das gilt jedoch nicht für den Krankheitsbesuch zu Hause, sondern nur dann, wenn die Angehörigen in einem auswärtigen Krankenhaus untergebracht sind. Die Besuche müssen nachweislich dazu dienen, die Krankheit zu lindern oder zu heilen bzw. sie erträglicher zu machen. Eine ärztliche Bestätigung dieser Notwendigkeit ist empfehlenswert. Oftmals stellen die behandelnden Ärzte auf Ihre Bitte hin eine solche Bescheinigung aus.

Ergibt sich durch die Krankheit ein Haarausfall, zum Beispiel bei Chemotherapie einer Krebsbehandlung, so können auch die Kosten für ein Toupet oder eine Perücke abgesetzt werden, die die Krankenkasse nicht übernimmt.

Auch Haarausfall selbst kann eine Erkrankung darstellen. Entstehen durch den Haarausfall nachweislich psychische Beeinträchtigungen, kann auch hier Toupet oder Perücke abgesetzt werden, wenn durch einen Psychologen bestätigt wird, dass die Person dadurch entsprechend leidet. Dann ist eine medizinische Notwendigkeit gegeben. Dies gilt im Übrigen auch für Haartransplantationen. Bei Schönheitsoperationen wird eine Geltendmachung als außergewöhnliche Belastung nur dann möglich sein, wenn ohne die OP psychische Beeinträchtigungen vorliegen. Auch dies muss durch eine ärztliche Bescheinigung nachgewiesen werden.

Auch die Kosten für die dauerhafte Unterstützung von Menschen in Not können als außergewöhnliche Belastung steuermindernd geltend gemacht werden. So können Sie zum Beispiel die Kosten für einen anerkannten Flüchtling, den Sie in Ihren Haushalt aufgenommen haben, bis zu einem Höchstbetrag von 8.820 € für das Jahr 2017 und bis zu einem Höchstbetrag von 9.000 € für das Jahr 2018 als Unterhaltsleistung in Ihrer Einkommensteuererklärung von der Steuer absetzen. Die außergewöhnliche Belastung muss dem Finanzamt durch eine schriftliche Erklärung nachgewiesen werden. Zudem sollten alle Kostenbelege in diesem Zusammenhang gesammelt werden.

Ebenfalls können Unterhaltsleistungen an geschiedene oder dauernd getrennt lebende (Ex-)Ehegatten oder (ehemals) eingetragene Lebenspartner bis zu den betreffenden Höchstbeträgen als außergewöhnliche Belastungen angesetzt werden, sofern nicht das sogenannte Realsplitting durchgeführt wird.

Daneben gibt es Besonderheiten für die nachstehenden Kosten und Ausgaben.

9.13 Tipp 13: Pflegekosten als außergewöhnliche Belastungen berücksichtigen

Pflegeaufwendungen des Steuerpflichtigen stellen grundsätzlich außergewöhnliche Belastungen dar, wenn sie für die eigene Pflege oder die des Ehegatten oder eingetragenen Lebenspartners anfallen. Diejenigen Kosten, die nicht von der Pflegekasse erstattet werden, können von der Steuer abgesetzt werden. Sie können jedoch nicht nur eigene Pflegeaufwendungen absetzen, sondern auch diejenigen für nahe Angehörige, die zum begünstigten Personenkreis gehören. Das sind diejenigen Personen, bei denen ein Pflegegrad angeordnet ist. Auch bei Demenzerkrankungen ist dieses der Fall. Zu den Aufwendungen aufgrund von Pflegebedürftigkeit gehören vor allen Dingen die Kosten für die Inanspruchnahme von Pflegediensten oder ambulanten Pflegekräften, für die Inanspruchnahme von Einrichtungen der Tages- oder Nachtpflege, Kosten für die Kurzzeitpflege, Aufwendungen zur Unterbringung in einem Heim, Fahrtkosten zu Ärzten und zum Heim. Auch Fahrtkosten des einen Ehegatten, der den anderen Ehegatten im Heim besucht, können hier berücksichtigt werden.

Von den Gesamtkosten müssen Sie allerdings zunächst die Erstattungen von der Krankenkasse abziehen – und nur die Differenz ist steuerlich absetzbar.

Der Pauschbetrag für Behinderte (siehe Tipp 6) und der Ansatz der Pflegeaufwendungen als außergewöhnliche Belastungen schließen sich gegenseitig aus. Sie sollten hier prüfen, was im Einzelfall günstiger ist. Falls Sie hohe Zuzahlungen zu den Pflegekosten geleistet haben, lohnt sich wahrscheinlich der Ansatz der tatsächlichen Pflegeaufwendungen.

Die Person, die einen Angehörigen pflegt, kann im Rahmen der Einkommensteuererklärung den Pflegepauschbetrag in Höhe von 924 € jährlich absetzen, wenn die Pflegeperson für die Pflege keine Einnahmen erhält und die gepflegte Person wegen Krankheit, Behinderung, Unfall oder im Alter hilflos ist. Hilflosigkeit ist immer dann gegeben, wenn jemand für die Verrichtung der täglichen Dinge dauerhaft fremder Hilfe bedarf. Daneben muss der Steuerpflichtige diese Pflege entweder persönlich durchführen oder die Kosten dafür übernehmen, wenn jemand anders damit beauftragt wird. Führt der oder die Betreffende die Pflege persönlich durch, muss dies in seiner Wohnung oder in der Wohnung des Pflegebedürftigen geschehen. Diese Wohnung muss dann in Deutschland oder in der EU gelegen sein. Daneben können auch noch andere Personen an der Pflege mitwirken. Die Pflegeleistung muss jedoch, damit sie angesetzt werden kann, mindestens 10 % des gesamten pflegerischen Zeitaufwands betragen, was im Einzelfall nachgewiesen werden muss. Hier helfen Tabellen, in denen die Pflegezeiträume und der Pflegebedarf eingetragen werden.

9.14 Tipp 14: Machen Sie die Unterbringung in einem Senioren-/Altenheim steuerlich geltend

Wird ein Rentner oder Pensionär altersbedingt in einem Altenheim untergebracht, kann sich eine steuerliche Absetzbarkeit nur daraus ergeben, dass die Heimunterbringung auf einer Krankheit, Behinderung oder Pflegebedürftigkeit beruht. Falls dagegen jemand freiwillig ohne einen solchen Grund ins Altenheim zieht, können die Heimkosten, die nicht von einer Pflegekasse oder Ähnlichem erstattet werden, nicht abgesetzt werden. Beruht die Heimunterbringung jedoch eben auf einer solchen Krankheit, Behinderung oder Pflegebedürftigkeit, können die Kosten, die nicht von Krankenkassen oder Pflegekassen erstattet werden, als außergewöhnliche Belastungen in der Steuererklärung des Rentners oder Pensionärs angesetzt werden.

Die absetzbaren Heimunterbringungskosten sind zusätzlich noch um eine Pauschale zu kürzen, wenn wegen der Heimunterbringung der private Haushalt aufgelöst wird. Die Pauschale nennt sich Haushaltsersparnis und wird, wenn die Heimunterbringung nicht das ganze Jahr bestand, nur für die Tage berücksichtigt, für die die Voraussetzungen bestanden. Über ihre Höhe gibt Tabelle 18 Auskunft.

Jahr	pro Jahr	pro Tag
2016	8.652 €	24,03 €
2017	8.820 €	24,50 €
2018	9.000 €	25 €

Tabelle 18: Die Höhe der Haushaltspauschale

Befinden sich in den Heimunterbringungskosten auch Kosten, die mit denen für eine Haushaltshilfe vergleichbar sind, können diese für haushaltsnahe Beschäftigungen angesetzt werden, wenn sie nicht bereits als außergewöhnliche Belastungen berücksichtigt sind. Hier besteht also auch eine Absetzbarkeit, wenn die Heimunterbringung nicht durch Krankheit oder Behinderung zwangsläufig ist. Den Anteil der Heimunterbringung, der auf haushaltsnahe Beschäftigungen oder Dienstleistungen anfällt, als solche abzusetzen, empfiehlt sich manchmal, weil hier die zumutbare Eigenbelastung nicht abgezogen wird. Die Steuerersparnis ist dann unter Umständen höher. Sie sollten also prüfen (lassen), ob Sie die in der Heimrechnung gesondert ausgewiesenen Kosten für Haushaltshilfen und haushaltsnahe Dienstleistungen herausrechnen und ob Sie diese dann nicht lieber als Sonderausgaben statt als außergewöhnliche Belastungen in der Einkommensteuererklärung ansetzen sollten.

9.15 Tipp 15: Wann Sie vom »Härteausgleich« profitieren

Ruheständler haben neben ihrer Rente, ihrer Pension, ihrer Einkünfte aus Betriebs- oder Werksrenten oft noch andere Einkünfte, so z. B. aus selbstständiger Tätigkeit, aus Vermietung und Verpachtung oder aus Kapitaleinkünften. Sofern diese anderen Einkünfte nicht dem Lohnsteuerabzug unterliegen, müssen diese versteuert werden, wenn sie mehr als 410 € im Jahr betragen. Sind sie höher als 410 €, aber geringer als 820 € im Jahr, wird die Besteuerung durch einen sogenannten Härteausgleich abgemildert. Das Einkommen wird dann um den Betrag gekürzt, um den die nicht dem Lohnsteuerabzug unterliegenden Einkünfte niedriger sind als 820 €. Damit werden diese Beträge bis zur Jahressumme von 820 € nur stufenweise der vollen Besteuerung unterzogen.

Beispiel: So wirkt sich der Härteausgleich aus

Ein Rentner bekommt eine Rente in Höhe von 1.200 € aus der gesetzlichen Rentenversicherung. Nebenbei ist er noch als selbstständiger Autor für eine Fachzeitschrift tätig. Hier erzielt er jährlich Einnahmen in Höhe von 480 €. Diese Einkünfte liegen über 410 €, aber unter 820 €. Es wird also der Härteausgleich durchgeführt. Der Härteausgleich beträgt hier 340 € (820 € minus 480 €). Diese 340 € werden vom Einkommen abgezogen. Das hat zur Folge, dass von der Autorentätigkeit nicht 480 €, sondern nur 480 € minus 340 €, somit 140 € versteuert werden. Auch das wirkt sich dann für Rentner und Pensionäre entsprechend günstiger aus.

9.16 Tipp 16: Aufgepasst beim Progressionsvorbehalt

Es kommt auch vor, dass Sie als Rentner oder Pensionär steuerfrei bestimmte Sozialleistungen beziehen. Diese unterliegen dem Provisionsvorbehalt. Das heißt, diese Leistungen werden selbst nicht besteuert, erhöhen jedoch Ihren persönlichen Steuersatz. Der Steuersatz wird also der Höhe nach ermittelt unter Hinzurechnung dieser Beträge.

Der erhöhte Steuersatz wird dann aber nur auf das zu versteuernde Einkommen und nicht auf diese Einkommensersatzleistung angesetzt. Der Progressionsvorbehalt kann sich dadurch wiederum nachteilig auf die Höhe der Steuer auswirken. Auch Kranken- oder Elterngeld unterliegen dem Progressionsvorbehalt.

10. Besondere Tricks für Rentner und Pensionäre

Auch Rentner und Pensionäre können im Rahmen ihrer Steuererklärung viele legale Tricks nutzen, um Steuern zu sparen. Die Renten sind oft recht niedrig, sodass es für Ruheständler umso wichtiger ist, hier jeden Trick zu kennen.

Als Ruheständler, der knapp über dem jeweiligen Grundfreibetrag liegt, können Sie oftmals eine Steuerzahlung vermeiden, selbst wenn Sie Zusatzeinkünfte aus anderen Quellen haben. Denn von den Einkünften aus Vermietung und Verpachtung und selbstständiger Tätigkeit wird noch der Altersentlastungsbetrag abgezogen, gegebenenfalls auch der Entlastungsbetrag für Alleinerziehende. Sie können Ihre Einkünfte mit den entsprechenden Verlusten verrechnen und zudem Sonderausgaben, gezahlte Kirchensteuer und außergewöhnliche Belastungen für besonders hohe Krankheitskosten und den Behindertenpauschbetrag abziehen (lassen). Von diesem Einkommen gehen dann noch gegebenenfalls Freibeträge für Kinder oder Enkel ab, und der oben beschriebene Härteausgleich wird ebenfalls berücksichtigt, wenn die Voraussetzungen dafür vorliegen. Erst aus dem so ermittelten zu versteuernden Einkommen ergibt sich dann, ob und wie viel Steuern Sie als Rentner oder Pensionär überhaupt zu zahlen haben.

10.1 Wenn möglich, lassen Sie sich von der Steuererklärungspflicht befreien

Wer eine Rente bezieht, die unter dem Grundfreibetrag liegt, kann eine Befreiung von der Steuererklärungspflicht beantragen. Ein solcher Antrag sollte so gestellt werden, dass er sämtliche Einnahmen und Werbungskosten enthält, zudem sollten die Sonderausgaben und außergewöhnlichen Belastungen entsprechend belegt werden. Dazu gehören aber auch Steuerermäßigungen aufgrund von haushaltsnahen Dienstleistungen und Handwerkerleistungen. Der Antrag ist formlos möglich, das heißt, es gibt dafür kein spezielles Formular, sondern Sie schicken ein einfaches Schreiben, in dem Sie darlegen, warum Ihre Einkünfte nicht steuerpflichtig sind. Fügen Sie aber auf jeden Fall die notwendigen Belege bei: Meist reicht eine Aufstellung der Einkünfte, der Freibeträge, die Ihnen zustehen, und – falls Sie noch Einkünfte aus anderen Quellen beziehen – der zugehörigen Werbungskosten, für die Sie entsprechende Belege beifügen sollten.

10.2 Mit einer Nichtveranlagungsbescheinigung haben Sie drei Jahre lang Ruhe

Bleibt Ihr zu versteuerndes Einkommen dauerhaft unter dem Grundfreibetrag, können Sie sich mit einem Antrag auf Bescheinigung der Nichtveranlagung (NV-Bescheinigung) mehr Freiraum verschaffen. Der Antrag muss jedoch auf einem Formular gestellt werden, das Sie zum Beispiel auf der Formularseite des Bundesfinanzministeriums (www.formulare-bfinv.de) finden. Auch hier müssen Sie Ihre Einkünfte und Ausgaben auflisten. Es empfiehlt sich oftmals, einen solchen Nichtveranlagungsantrag mit einer entsprechenden Steuererklärung zu stellen. Eine solche Nichtveranlagungsbescheinigung ist in der Regel drei Jahre lang gültig. Der Vorteil ist, dass auch die eigene Bank, wenn diese Bescheinigung vorgelegt wird, von Kapitalerträgen keine Abgeltungsteuer mehr einbehält. Sie bekommen dann Ihre Zinsen, Dividenden, Kursgewinne oder sonstige Kapitalerträge in voller Höhe ausgezahlt.

10.3 Vergessen Sie bei den außergewöhnlichen Belastungen die Reha-Maßnahmen nicht

Auch Kosten für eine Reha-Maßnahme oder Heilkur können Sie als außergewöhnliche Belastungen geltend machen. Dies gilt insbesondere für Ruheständler, da im Alter häufiger Kuren und Reha-Maßnahmen vorkommen. Sie sind allerdings nur dann in der Einkommensteuererklärung absetzbar, wenn sie die Voraussetzungen für außergewöhnliche Belastungen erfüllen. Die bereits erwähnte Zwangsläufigkeit kann regelmäßig durch eine Bescheinigung des Arztes, der die Kur oder Reha-Maßnahme anweist bzw. verordnet, nachgewiesen werden. Aus der ärztlichen Bescheinigung muss hervorgehen, dass die Maßnahme medizinisch notwendig gewesen ist. Oftmals ist auch die Vorlage eines amtsärztlichen Attestes oder eine Bescheinigung des medizinischen Dienstes der Krankenversicherung erforderlich.

Wichtig: Achten Sie unbedingt darauf, dass das entsprechende Attest oder die Bescheinigung vom medizinischen Dienst der Krankenkasse vor Eintritt der Kur ausgestellt wird.

Die Ausgaben selbst müssen dann durch Quittung oder Rechnung nachgewiesen werden. Auch hier gilt: Sie können nur die Kosten ansetzen können, die nicht von einer Krankenkasse oder sonstigen Kasse beziehungsweise Versicherung erstattet worden sind.

Fahrtkosten zur Reha-Einrichtung können Sie ebenfalls als außergewöhnliche Belastung geltend machen, allerdings erkennt das Finanzamt in der Regel nur Fahrten mit öffentlichen Verkehrsmitteln an. Versuchen Sie ruhig trotzdem, auch Fahrtkosten mit dem Pkw mit 0,30 € pro gefahrenem Kilometer anzusetzen. In der Regel erkennt diese das Finanzamt immerhin dann ausnahmsweise an, wenn sie konkret notwendig geworden sind, wie z. B., wenn eine Gehbehinderung oder ein Herzleiden die Fahrt mit dem Pkw notwendig machen, weil es schlichtweg unmöglich wäre, das gesamte Gepäck in der Bahn mitzuschleppen. Im Zweifel sollte der Arzt einen entsprechenden Vermerk in der ärztlichen Bescheinigung machen und die Notwendigkeit attestieren. Oder Sie begründen, warum das Gepäck zu schwer war, als dass eine Anreise mit einem öffentlichen Verkehrsmittel möglich gewesen wäre. Die Anerkennung wird erleichtert, wenn der Arzt Ihnen Entsprechendes bestätigt.

Im Zweifel können Sie auch Kosten für eine Begleitperson absetzen. Das ist immer dann möglich, wenn es krankheits- oder altersbedingt nicht ohne Begleitung geht. Auch dies weisen Sie am besten durch ein Attest oder Gutachten nach, in der Regel sollte dieses auch vom Amtsarzt oder medizinischen Dienst bestätigt werden.

Übrigens lassen sich anlässlich der Kur- oder Reha-Maßnahme auch Verpflegungsmehraufwendungen geltend machen. Sie können diese sogar in tatsächlicher Höhe für den gesamten Zeitraum absetzen. Lediglich ein Fünftel der Aufwendungen müssen Sie als Haushaltsersparnis von der Gesamtsumme abziehen.

Auch Kuren oder Reha-Maßnahmen im Ausland können angesetzt werden, wenn deren Zweck und deren Aufwendungen dem eines inländischen Kurortes entsprechen.

10.4 Beerdigungskosten – womöglich ebenfalls absetzbar

Auch Beerdigungskosten können dazu führen, dass die Steuer gemindert wird. Es geht dabei selbstverständlich nicht um die eigenen Beerdigungskosten, sondern um die von nahen Angehörigen. Die Hinterbliebenen sind verpflichtet, im Erbfall die Beerdigungskosten zu tragen, sofern sie Erben geworden sind. Beerdigungskosten können als Nachlassverbindlichkeit bei der Erbschaftsteuer angesetzt werden. In der Einkommensteuer führen sie allenfalls im Rahmen der außergewöhnlichen Belastungen zu einer Minderung der Einkommensteuer, wenn der Wert des Nachlasses nicht dafür ausreicht.

Sollte die Abzugsfähigkeit als außergewöhnliche Belastung möglich sein, sind nur die notwendigen Bestattungskosten anzusetzen. Dazu gehören die Kosten für den Sarg, das Bestattungsinstitut, amtliche Gebühren, Todesanzeigen etc. Auch die Kosten der Grabstätte und des Grabsteins sowie für den Transport der Möbel aus der Wohnung des Verstorbenen gehören dazu, nicht jedoch Trauerkleidung und Grabpflege. Absetzbar sind womöglich aber auch die Zinsen, die für ein Darlehen gezahlt werden, das zur Finanzierung dieser Kosten aufgenommen wird. Ist der Nachlass werthaltig, befindet sich also

Vermögen im Nachlass, ist der Ansatz nicht möglich. Gleiches gilt, wenn die Beerdigungskosten durch Sterbe- oder Lebensversicherungen gedeckt werden können, die im Todesfall ausgezahlt werden.

10.5 Steuervergünstigungen bei ehrenamtlicher Tätigkeit

Ruheständler üben oft auch ehrenamtliche Tätigkeiten aus. Gerade im Renten- und Pensionsalter haben viele Menschen die Zeit, die Möglichkeit und vor allem auch die Erfahrung, etwas zu bewirken. Also – warum sollte man sich nicht ehrenamtlich engagieren? Unsere Gesellschaft braucht ehrenamtlich engagierte Persönlichkeiten. Die Praxis zeigt: Wer eine Aufgabe hat, hält sich selbst auch geistig fit und bleibt entsprechend im Alter länger rüstig und gesund. »Wer rastet, der rostet!«, dieser Spruch gilt für die vielen, vielen ehrenamtlich tätigen Rentner und Pensionäre folglich nicht. Also auf ins Ehrenamt!

Eine ehrenamtliche Tätigkeit kann auch vergütet werden, zum Beispiel durch eine Aufwandsentschädigung. Diese Beträge sind zum Teil steuerbegünstigt.

Der Gesetzgeber hat für ehrenamtliche Tätigkeiten einen Ehrenamtsfreibetrag eingeführt. Damit wollte er Anreize zur Übernahme eines Ehrenamtes schaffen. Dieser Freibetrag beläuft sich auf 720 € pro Jahr und ist von der Steuer befreit. Das heißt: Einnahmen, die aus dem Ehrenamt herrühren bzw. die für die Tätigkeit im Ehrenamt gewährt werden, sind bis zu einer Höchstgrenze von 720 € pro Jahr komplett steuerfrei. Erst Vergütungen, die darüber hinaus gezahlt werden, müssen versteuert werden.

Den Ehrenamtsfreibetrag in Anspruch nehmen können beispielsweise Vereinsvorstände, Platz- und Gerätewarte in Sportvereinen, ehrenamtliche Betreuer etc., sofern sie von ihrem Verein für ihre Tätigkeit vergütet werden.

Einzige Voraussetzung: Im Rahmen dieses Ehrenamtes muss der Steuerpflichtige mildtätige oder kirchliche Arbeit leisten. Zudem muss die Tätigkeit nebenberuflich ausgeübt werden und darf nicht etwa hauptberuflich für die jeweiligen Vereine getätigt werden. Ersteres wird bei Rentnern und Pensionären in aller Regel der Fall sein.

Für die Nebentätigkeit darf der Umfang nicht mehr als ein Drittel einer Vollzeitbeschäftigung betragen und somit maximal rund 12 bis 14 Stunden in der Woche.

Es muss sich um eine echte ehrenamtliche Tätigkeit handeln. Das heißt: Die Tätigkeit darf nicht für den wirtschaftlichen Zweckbetrieb eines Vereins ausgeübt werden. Dieses wäre z. B. beim Geschäftsbetrieb des ADAC der Fall.

Der Ehrenamtsfreibetrag greift in voller Höhe, auch wenn derjenige sein Ehrenamt nicht während des ganzen Kalenderjahres ausgeübt hat. Die Ehrenamtspauschale kann für dieselbe Tätigkeit aber auch im Rahmen eines Minijobverhältnisses gewährt werden. Es ist sogar zulässig, einen solchen Freibetrag aufzuteilen.

Beispiel: Ehrenamtspauschale und Minijob

R ist im Vereinsvorstand der örtlichen Bedürftigenhilfe tätig, die als gemeinnützig anerkannt ist. Er erhält als Minijobber für die Vorstandstätigkeit 350 € pro Monat. Daneben erhält er für das Ehrenamt steuer- und abgabenfrei 60 € monatlich. Letztere machen die Ehrenamtspauschale von 720 € jährlich aus. Der Minijob als solcher bleibt bestehen, die darüber hinausgehenden Bezüge sind vom Ehrenamtsfreibetrag abgedeckt. Steuern fallen also keine an.

Auch wenn jemand als Angestellter tätig wird, steht ihm, wenn die weiteren Voraussetzungen erfüllt sind, die Ehrenamtspauschale zu.

Beispiel: Ehrenamtspauschale und Angestelltenverhältnis

Eine Rentnerin bekommt für ihre ehrenamtliche Tätigkeit in einem Betreuungsverein für ältere Menschen eine Einnahme von 1.500 €

jährlich. Sie ist in dem Verein, der als gemeinnützig anerkannt ist, als nebenberufliche, angestellte Betreuerin und Begleiterin tätig. Sie muss auf diese Einnahmen keine Einkommensteuer zahlen, da sie neben dem Ehrenamtsfreibetrag von 720 € noch die Werbungskostenpauschale für Arbeitnehmer in Höhe von 1.000 € geltend machen kann. Sie kann im Jahr aus der Tätigkeit sogar insgesamt 1.720 € steuerfrei erhalten.

Außerdem können zusätzlich noch Aufwendungen erstattet werden, wie Fahrt- oder Telefonkosten, die für die Ausübung des Ehrenamtes entstehen.

Neben der Ehrenamtspauschale – bzw. in manchen Fällen auch zusätzlich dazu – gibt es noch die Übungsleiterpauschale für bestimmte Tätigkeiten. Hier sind bis zu 2.400 € an steuerfreien Einnahmen pro Kalenderjahr möglich. Die Übungsleitertätigkeit ist eine pädagogische Tätigkeit, wie z. B. Dozent an einer Volkshochschule, Dirigent in einem Musikverein oder Trainer in einem Sportverein. Die gesetzlichen Voraussetzungen sind in § 3 Nr. 25 EStG näher bestimmt.

Die Voraussetzungen für die Übungsleiterpauschale sind ähnlich wie die für die Ehrenamtspauschale. Sie müssen nebenberuflich tätig sein. Auch hier gilt die Ein-Drittel-Grenze, d. h., Sie dürfen pro Kalenderjahr nicht mehr als ein Drittel der Zeit, die üblicherweise für einen Hauptberuf aufgebracht werden muss, für diese Tätigkeit aufbringen.

Übungsleiter sind vor allen Dingen Referenten, Trainer in Sportvereinen, Chorleiter, Ausbilder, Erzieher, Betreuer. In diese Kategorie fallen aber auch vergleichbare nebenberufliche Tätigkeiten, etwa künstlerische Tätigkeiten oder die nebenberufliche Pflege alter, kranker oder behinderter Menschen, die Sie entweder im Auftrag einer juristischen Person des öffentlichen Rechts erbringen oder für eine gemeinnützige, mildtätige oder kirchliche Einrichtung.

Im Rahmen der Übungsleitertätigkeit können Sie sowohl selbstständig als auch angestellt tätig sein. Dieses hat nur Auswirkungen darauf, wo sie das Ganze in der Einkommensteuererklärung erklären müssen. Entweder bei den nichtselbstständigen oder der selbstständigen Tätigkeit. Auf die Übungsleiterpauschale hat das keinen Einfluss. Die Übungsleiterpauschale kann neben der Ehrenamtspauschale zum Tragen kommen. Das geht aber nur, wenn die ehrenamtliche Tätigkeit nicht schon unter der Übungsleiterpauschale erfasst ist. Die Tätigkeiten müssen sich also entsprechend unterscheiden. Denkbar ist beispielsweise, dass Sie als Trainer in einem Sportverein zugleich als Platzwart tätig sind. Ihre Vergütung als Trainer fällt unter die Übungsleiterpauschale, für die als Platzwart können Sie die Ehrenamtspauschale beanspruchen. Eine Kombination der Ehrenamtspauschale und der Übungsleiterpauschale für ein und dieselbe Tätigkeit ist dagegen nicht möglich. Wenn Sie als Trainer also mehr als 2.400 € pro Jahr von Ihrem Sportverein erhalten, dann können Sie die Ehrenamtspauschale nicht zusätzlich beanspruchen.

11. Steuerfreie Einnahmen von Rentnern und Pensionären

Es gibt im Gesetz bestimmte Einnahmen, die steuerfrei bleiben. Geregelt ist dieses im § 3 des Einkommensteuergesetzes. Einige dieser Einnahmen sind besonders für ältere Menschen – und somit für viele Rentner und Pensionäre – von besonderer Bedeutung. Auf diese steuerfreien Einnahmen soll im nachfolgenden Abschnitt hingewiesen werden.

11.1 Kranken- und Pflegegeld sowie Leistungen der gesetzlichen Unfallversicherung

Grundsätzlich sind Leistungen aus einer Pflegeversicherung und der gesetzlichen Unfallversicherung steuerfrei. Dabei sind sowohl Bar- als auch Sachleistungen steuerfrei. Kommt ein Rentner in das Pflegeheim und erhält hier entsprechende Leistungen aus der Pflegekasse, sind diese grundsätzlich steuerfrei.

Pflegekosten können zwar als außergewöhnliche Belastungen berücksichtigt werden. Das gilt jedoch nur, soweit diese Kosten aus eigener Tasche bezahlt und nicht aus der Pflegekasse erstattet werden. Dieses gilt auch für Zahlungen einer ausländischen Kranken- oder Pflegeversicherung sowie für eine ausländische gesetzliche Unfallversicherung.

11.2 Sachleistungen und Kinderzuschüsse aus der gesetzlichen Rentenversicherung

Sachleistungen und Kinderzuschüsse aus der gesetzlichen Rentenversicherung sind ebenfalls steuerfrei. Das gilt auch für Sachleistungen, die nach dem Gesetz der Alterssicherung der Landwirte ausgezahlt werden.

11.3 Leistungen nach dem Flüchtlingshilfegesetz sind steuerfrei

Flüchtlinge im Rentenalter können Leistungen nach dem Flüchtlingshilfegesetz erhalten. Auch diese Leistungen sind steuerfrei.

11.4 Versorgungsbezüge von Wehr- und Zivildienstbeschädigten

Steuerfrei sind Bezüge, welche aufgrund der gesetzlichen Vorschriften zur Versorgung an Wehr- und Zivildienstbeschädigte gezahlt werden. Ebenfalls bleiben Leistungen steuerfrei, die Beschädigte aus dem Bundesfreiwilligendienst oder ihre Hinterbliebenen erhalten, Gleiches gilt für entsprechende Leistungen an Kriegsbeschädigte, Kriegshinterbliebene und an gleichgestellte Personen, soweit es sich nicht um Bezüge handelt, die aufgrund der Dienstzeit selbst gewährt werden. Es handelt sich hier um Sonderfälle, die steuerfrei bleiben.

11.5 Zuschüsse zur Krankenversicherung

Steuerfrei sind daneben Zuschüsse der gesetzlichen Rentenversicherung zur privaten Krankenversicherung eines Rentners. Gleiches gilt für die Zuschüsse der gesetzlichen Rentenversicherung zu den gesetzlichen Krankenversicherungen. Allerdings müssen Sie als Rentner diese Zuschüsse abziehen von den Krankenversicherungsbeiträgen, die Sie in Ihrer Steuererklärung als Versorgungsaufwendungen geltend machen. In der Steuererklärung kann also nur die Differenz angesetzt werden, sprich der Anteil der privaten oder gesetzlichen

Rentenversicherung, der nicht vom Rentenversicherungsträger bezuschusst wird.

11.6 Altersteilzeitleistungen

Aufstockungsbeiträge und zusätzliche Beiträge zu der gesetzlichen Rentenversicherung, die bei einem gleitenden Übergang nach dem Altersteilzeitgesetz von Arbeitnehmern gezahlt werden, sind in bestimmten Grenzen steuerfrei. Sie werden allerdings im Rahmen des sogenannten Provisionsvorbehalts für die Ermittlung des Steuersatzes berücksichtigt.

11.7 Private Veräußerungsgeschäfte

Private Veräußerungsgeschäfte sind steuerfrei, sofern Sie die Spekulationsfrist einhalten. Ansonsten wird die sogenannte Spekulationssteuer fällig, der Gewinn also mit Ihrem persönlichen Steuersatz besteuert (§ 23 EStG). Diese Steuer kann anfallen, wenn Wirtschaftsgüter ge- und mit Gewinn wieder verkauft werden. Dabei kann es sich um Immobilien, Autos oder Antiquitäten handeln. Findet dieses innerhalb eines bestimmten Zeitraumes statt, dann unterliegt die Wertsteigerung der Einkommensteuer. Dieses gilt für Immobilien innerhalb einer Frist von zehn Jahren. Für andere Wirtschaftsgüter, wie z. B. Antiquitäten, Autos und Briefmarkensammlungen etc., gilt eine Frist von einem Jahr. Werden dagegen diese Gegenstände länger als ein Jahr behalten, fällt dafür keine Spekulationssteuer an.

Sonderregelungen gelten bei Verkauf von Wertpapieren. Hier gilt der Verkauf nicht mehr als privates Veräußerungsgeschäft, sondern zählt zu den Einkünften aus Kapitalvermögen.

Für Verbrauchsgüter gilt die Spekulationssteuer nicht. Verbrauchsgüter sind Gegenstände des täglichen Gebrauchs. Wird ein gebrauchtes Auto für die private Nutzung angeschafft und innerhalb eines Jahres wieder verkauft, muss ein möglicher Gewinn aus dem Verkauf nicht versteuert werden. Dies gilt es zu beachten.

Einige Besonderheiten gelten noch bei Immobilien: Bei einem Immobilienkauf ist zu beachten, dass der Verkauf innerhalb der Zehnjahresfrist der Spekulationssteuer unterliegt. Das heißt: Liegen zwischen dem Kauf und dem Verkauf weniger als zehn Jahre, fällt Spekulationssteuer an, wenn der Verkaufspreis höher ist als der Kaufpreis.

Eine Ausnahme gilt allerdings dann, wenn das Haus selbst genutzt worden ist. Dies gilt im Übrigen auch für eigengenutzte Eigentumswohnungen. Ein steuerfreier Veräußerungsgewinn ist möglich, wenn der Verkäufer durchgehend selbst in der Immobilie gewohnt hat oder zumindest im Jahr des Verkaufs und in den beiden vorangegangenen Kalenderjahren die Immobilie zu eigenen Wohnzwecken genutzt hat. »Zu eigenen Wohnzwecken« impliziert auch die unentgeltliche Überlassung der Wohnung oder des Hauses an nahe Angehörige.

Beispiel: Erst Vermietung, dann Selbstnutzung, dann Verkauf

Ein Haus wurde im Jahr 2009 erworben. Zunächst wurde es vermietet. Im Juli 2013 zog der Steuerpflichtige dann selbst in das Haus ein. Im Januar 2017 entschied er sich, das Haus zu verkaufen. Da der Verkäufer die Wohnung von Juli 2013 bis Januar 2017 selbst nutzte, also im Jahr des Verkaufs und mindestens den beiden vorangegangenen Kalenderjahren, fällt hier keine Spekulationssteuer an.

Im Erbfall tritt der Erbe in Sachen Spekulationssteuer übrigens in die Fußstapfen des Erblassers. Das heißt, er übernimmt auch die entsprechenden Fristen: Es gilt also das Datum, zu dem der Erblasser die Immobilie erworben hat, und nicht etwa derjenige Zeitpunkt, zu dem die Immobilie auf den Erben überschrieben wurde.

Zu beachten ist ferner noch: Wenn eine Privatperson innerhalb von fünf Jahren mehr als drei Immobilien verkauft, gilt sie als gewerblicher Grundstückshändler. Gewinne sind dann immer zu versteuern.

Dies gilt auch, wenn drei Eigentumswohnungen verkauft werden, die im selben Haus liegen. Hier ist also besondere Vorsicht geboten. Das sollten Sie auch als Rentner oder Pensionär beachten.

12. Wichtige Nachweise und Dokumente im Zusammenhang mit der Einkommensteuererklärung

In diesem Kapitel finden Sie eine Aufstellung von Dokumenten und Nachweisen, die im Zusammenhang mit der steuerlichen Behandlung wichtig sind.

12.1 Rentenbezugsmitteilung

Die Besteuerung der Renten soll im Rahmen der nachgelagerten Besteuerung sichergestellt werden. Hierzu gibt es Rentenbezugsmitteilungen. Die Rentenversicherungträger und Rentenversicherungsunternehmen müssen die Rentendaten der zentralen Zulagenstelle für Altersvermögen (ZfA) übermitteln. Diese Stelle übermittelt diese Daten dann an die zuständige Finanzbehörde. Jeder Träger der gesetzlichen Rentenversicherung, der Gesamtverband der landwirtschaftlichen Alterskassen, die berufsständischen Versorgungseinrichtungen, die Pensionskassen, die Pensionsfonds und die Versicherungsunternehmen sowie die Anbieter von Riester- und Rürup-Renten sind hier mitteilungspflichtig.

In der Rentenbezugsmitteilung enthalten sind die Angaben zur Person des Rentenempfängers einschließlich der Steuer-Identifikationsnummer, der Rentenbetrag und der Zeitraum, in dem die Renten bezogen worden sind. Damit ist sichergestellt, dass das Finanzamt Daten über die Renten erhält und diese entsprechend den gesetzlichen Vorschriften besteuern kann.

12.2 Nichtveranlagungsbescheinigung

Rentner, die offensichtlich mit ihren steuerpflichtigen Einnahmen
unter dem Grundfreibetrag liegen, können eine Nichtveranlagungsbescheinigung beantragen. Damit sind sie von der Pflicht zur Abgabe
einer Steuererklärung und zur Zahlung einer Einkommensteuer befreit. Dazu müssen sie dem Finanzamt das Einkommen nachweisen,
was üblicherweise mit einem Antrag auf Nichtveranlagung geschieht.

Das Wohnsitzfinanzamt erteilt dem Steuerpflichtigen eine Nichtveranlagungsbescheinigung, wenn seine zukünftigen Einkünfte so gering sind, dass eine Veranlagung zur Einkommensteuer nicht zu
erwarten ist. Die Bescheinigung wird für eine maximale Geltungs-
dauer von drei Jahren und unter dem Vorbehalt eines Widerrufes
ausgestellt. Der Steuerpflichtige muss jede maßgebliche Veränderung
seines Einkommens auch während dieser Zeit unverzüglich dem Finanzamt mitteilen.

Das Formular für diesen Antrag erhalten Sie beim zuständigen Finanzamt oder auch online auf den Seiten Ihres Wohnsitzfinanzamtes
oder des Bundesfinanzministeriums (www.formulare-bfinv.de).

Legen Sie als Sparer Ihrem Kreditinstitut eine Nichtveranlagungsbescheinigung vor, dann werden Ihre Kapitalerträge von der Abgeltungsteuer freigestellt. Diese freigestellten Zinserträge muss das Kreditinstitut dem Bundeszentralamt für Steuern mitteilen, damit die
Finanzämter nachträglich prüfen können, ob der Steuerpflichtige im
Antrag auf Nichtveranlagung seine Kapitaleinkünfte richtig angegeben hat.

In den nachstehenden Tabellen 19 und 20 finden Sie die Werte,
bis zu denen bei Rentnern und Pensionären eine Nichtveranlagungsbescheinigung erteilt wird. Bitte beachten Sie, dass der Gesamtbetrag mit dem zu versteuernden Teil der Rente erreicht werden muss:

	Alleinstehende	Verheiratete
Grundfreibetrag	8.820 €	17.640 €
Sonderausgabenpauschbetrag	36 €	72 €
Bei zusätzlichen Kapitaleinkünften – Sparerpauschbetrag	801 €	1.602 €
Nichtveranlagungsgrenze	9.657 €	19.314 €

Tabelle 19: Ab welchen Werten Sie im Jahr 2017 eine Nichtveranlagungsbescheinigung erhalten

	Alleinstehende	Verheiratete
Grundfreibetrag	9.000 €	18.000 €
Sonderausgabenpauschbetrag	36 €	72 €
Bei zusätzlichen Kapitaleinkünften – Sparerpauschbetrag	801 €	1.602 €
Nichtveranlagungsgrenze	9.837 €	19.674 €

Tabelle 20: Ab welchen Werten Sie im Jahr 2018 eine Nichtveranlagungsbescheinigung erhalten

12.3 Lebensversicherungen – Besteuerung, Auszahlung und Nachweis

Lebensversicherungen werden unterschiedlich besteuert, je nachdem, wann sie abgeschlossen wurden.

Besteuerung von vor dem 1. Januar 2005 geschlossenen Lebensversicherungen

Altverträge, also Lebensversicherungen, die Sie vor dem 1. Januar 2005 abgeschlossen haben, sind steuerlich begünstigt. Genau gesagt trifft diese steuerliche Vergünstigung sogar in doppelter Form zu. Einerseits konnten bzw. können die Beiträge zur Lebensversicherung als Sonderausgaben abgesetzt werden, andererseits ist die Auszahlung unter bestimmten Voraussetzungen steuerfrei. Dazu muss die Versicherung mindestens zwölf Jahre laufen, eine minimale Beitragszahlungsdauer von fünf Jahren und einen Mindesttodesfallschutz von 60 % (der insgesamt anfallenden Beitragszahlungen) vorsehen.

Besteuerung von fondsgebundenen Lebens- und Rentenversicherungen

Fondsgebundene Kapitallebens- und Rentenversicherungen werden mit ihren Erträgen wie Kapitalerträge versteuert. Wird die Versicherungsleistung nach Vollendung des 60. Lebensjahres des Steuerpflichtigen und nach Ablauf von zwölf Jahren seit Vertragsabschluss ausgezahlt, ist die Hälfte des Unterschiedsbetrags anzusetzen, der sich aus dem Abzug aller Einzahlungen von der Versicherungsleistung (Auszahlung) ergibt.

Besteuerung von Lebensversicherungen, die ab dem 1. Januar 2005 abgeschlossen wurden

Kapitallebensversicherungsverträge, die nach dem 31. Dezember 2004 abgeschlossen wurden, werden mit ihren Erträgen besteuert. Allerdings wird nur die Hälfte der Erträge besteuert, wenn die Leistungen nach einer Laufzeit von zwölf Jahren und nach Vollendung des 60. Lebensjahres erfolgen. Bei nach dem 31. Dezember 2011 abgeschlossenen Verträgen ist für die nur hälftige Besteuerung die Vollendung des 62. Lebensjahres des Steuerpflichtigen erforderlich.

Besteht die Versicherungsleistung in der Zahlung einer Kapitalsumme, ist der Unterschiedsbetrag zwischen der Versicherungsleistung und der Summe der auf sie entrichteten Versicherungsbeiträge bei Fälligkeit oder bei einem Rückkauf des Vertrages steuerpflichtig. Hier greift der persönliche Steuersatz des Rentners oder Pensionärs. Der Nachweis zur Behandlung wird mit den entsprechenden Policen- und Vertragsunterlagen erbracht.

13. Erbschaftsteuer bei Rentnern und Pensionären

Als Rentner oder Pensionär sollten Sie auch unbedingt an die Erbschaftsteuer denken, denn auch sie kann nach Erhalt eines Nachlasses zu einer großen steuerlichen Belastung führen. Sie sollten sich rechtzeitig darüber Gedanken machen, wem sie was vererben wollen. Oftmals empfehlen sich auch Übertragungen zu Lebzeiten, sprich Schenkungen, mit denen Sie den Nachlass nach und nach verringern und die geltenden Freibeträge ausnutzen können. Diese entstehen nämlich alle zehn Jahre neu. Bei Immobilien- oder Grundstücksschenkungen können Sie sich im notariellen Schenkungsvertrag Nutzungsrechte vorbehalten.

Die Erbschaftsteuer unterscheidet drei Steuerklassen. Welcher Nachlassempfänger welcher Steuerklasse angehört, richtet sich nach dem Verwandtschaftsgrad zwischen Erblasser und Erben. Daneben gibt es Freibeträge, also Höchstbeträge, die Erben erhalten können, ohne dass darauf Erbschaftsteuer anfällt. Die Höhe der Freibeträge zeigt Tabelle 21:

Verwandt-schafts-verhältnis	Ehegatten Eingetragene Lebenspartner	Kinder Stief-kinder, Enkel von verstorbenen Kindern	Enkel Eltern (im Erbfall)	Eltern (bei Schenkung) Geschwister Neffen/Nichten Stiefeltern, Schwieger-kinder Schwiegereltern Geschiedene Ehepartner	Lebensgefährte Freunde Fremde Dritte
Steuerklasse	I	I	I	II	III
Freibetrag	500.000 €	400.000 €	200.000 € Eltern 100.000 €	20.000 €	20.000 €

Tabelle 21: Steuerklassen und Steuerfreibeträge bei der Erbschaftsteuer

Vermögen bis einschließlich ......€	Ehegatten Eingetragene Lebenspartner	Kinder Stiefkinder, Enkel von verstorbenen Kindern	Enkel Eltern (im Erbfall)	Eltern (bei Schenkung) Geschwister Neffen/Nichten Stiefeltern, Schwiegerkinder Schwiegereltern Geschiedene Ehepartner	Lebensgefährte Freunde Fremde Dritte
Steuerklasse	I	I	I	II	III
75.000	7	7	7	15	30
300.000	11	11	11	20	30
600.000	15	15	15	25	30
6.000.000	19	19	19	30	30
13.000.000	23	23	23	35	50
26.000.000	27	27	27	40	50
Über 26.000.000	30	30	30	43	50

Tabelle 22: Steuersätze bei der Erbschaftsteuer

Die Steuersätze sind in Tabelle 22 dargestellt und richten sich ebenfalls nach dem Verwandtschaftsverhältnis und der damit zusammenhängenden Steuerklasse. Die Erbschaftsteuersätze steigen mit steigendem Nachlasswert.

Im Höchstfall können 50 % an Erbschaftsteuer anfallen. Das bedeutet, dass die Hälfte dessen, was ein Nachlassempfänger geerbt hat, an das Finanzamt abgeführt werden muss.

Die Erbschaftsteuer wird immer in Geldbeträgen festgesetzt. Auch wer illiquides Vermögen wie z. B. Unternehmensbeteiligungen oder Immobilien erbt, muss die Erbschaftsteuer als Geldbetrag an das Finanzamt überweisen. Das heißt, das illiquide Vermögen muss liquidiert werden. Das ist oftmals nicht ganz einfach und kann zu vielen Problemen führen. Aus diesem Grunde sollten sich Rentner und Pensionäre insbesondere Gedanken darüber machen, wie sie vererben wollen, was sie vererben wollen und wer es erhalten soll. Wer langfristig plant, kann erhebliche Steuern sparen.

Dieses geht jedoch nur durch eine entsprechende Testamentsgestaltung gegebenenfalls in Verbindung mit einer vorweggenommenen Erbfolge, also einer oder mehreren Schenkungen zu Lebzeiten.

Daneben sollten Rentner und Pensionäre unbedingt daran denken, Vorsorgevollmachten oder Betreuungsverfügungen und eine Patientenverfügung zu erlassen. Nicht gesetzlich vorgeschrieben, aber empfehlenswert ist für diese Dokumente eine notarielle Form, damit dann, wenn der oder die betreffende Person nicht in der Lage ist, selbst Entscheidungen zu treffen, kein gerichtlicher Betreuer eingesetzt wird, der erstens viel Geld kostet und zweitens die persönlichen Umstände des Betroffenen nicht kennt. Eine entsprechende Vorsorge erspart hier erhebliche Probleme.

Rechte und Pflichten rund um den Steuerbescheid

Das Finanzamt setzt die Einkommensteuer aufgrund der abgegebenen Einkommensteuererklärung nach Prüfung durch den zuständigen Veranlagungssachbearbeiter fest, dazu erlässt es einen Einkommensteuerbescheid. Falls Sie Steuern nachzahlen müssen, ist diese binnen eines Monats nach Zugang des Steuerbescheids ans Finanzamt zu überweisen. Ein Bescheid, der mit einfacher Post vom Finanzamt versandt wird, gilt in der Regel mit dem dritten Tag nach Absendung als zugegangen.

Der Steuerbescheid kann dann mit einem Einspruch angefochten werden. Der Einspruch kann immer dann erhoben werden, wenn der Steuerbescheid fehlerhaft ist oder wenn Sie als Steuerpflichtiger etwas vergessen haben in der Steuererklärung. Wurde Einspruch eingelegt, muss das Finanzamt den Steuerfall umfassend prüfen.

Der Einspruch kann schriftlich per Telefax oder auch per E-Mail eingelegt werden. Die Einspruchsfrist beträgt bei einem Steuerbescheid einen Monat. Wer die Einspruchsfrist unverschuldet versäumt hat, wenn er beispielsweise krank war, kann die Wiedereinsetzung in den vorigen Stand nach § 110 AO beantragen. Das Versäumnis ist dann allerdings nachzuweisen.

Unabhängig davon, dass ein Einspruch eingelegt worden ist, bleibt die Zahlungsfrist für die festgesetzte Steuernachzahlung zunächst bestehen. Bei einem Steuerbescheid beträgt sie immer einen Monat. Wer diese Zahlung aussetzen will, bis ein eingelegter Einspruch entschieden ist, muss einen Antrag auf Aussetzung der Vollziehung stellen. Dieser Antrag muss auch begründet werden. Das Finanzamt kann dann eine solche Aussetzung der Vollziehung gewähren; in vielen Fällen geschieht dieses jedoch nicht. Dann bleibt im Zweifel als weiteres Rechtsmittel nur eine Klage vorm Finanzgericht.

Auch ohne einen eingelegten Einspruch kann der Steuerbescheid unter Umständen geändert werden. Dieses gilt, solange die Festsetzungsfrist von vier Jahren läuft. Damit muss jedoch eine Änderungsnorm vorliegen. Das können neue Tatsachen oder Beweismittel sein, die erst jetzt bekannt geworden sind.

Haben Sie als Steuerpflichtiger Belege über Ausgaben nicht innerhalb der Einspruchsfrist nachgereicht, werden diese zu Ihren Gunsten als nachträgliche Tatsachen und Beweismittel nur dann anerkannt, wenn Sie kein Verschulden trifft. Wer sie einfach vergessen oder aus Schusseligkeit verlegt hat, den trifft ein solches Verschulden, und eine Änderung des Steuerbescheides zu Gunsten des Betroffenen ist dann nicht mehr möglich. Sollten Sie als Steuerpflichtiger jedoch Erläuterungen im Formular nicht richtig verstanden haben und deswegen die notwendigen Belege nicht abgegeben haben, dann liegt kein grobes Verschulden vor. Hier gehen die Finanzgerichte regelmäßig davon aus, dass neue Tatsachen und Beweismittel vorliegen und der Bescheid auch nach Ablauf der Einspruchsfrist zu Gunsten des Steuerpflichtigen geändert werden kann.

Falls der Einspruch keinen Erfolg hatte, kann man sich innerhalb eines Monats nach Zugang des Einspruchsbescheids beim Finanzgericht melden und Klage erheben. Das Finanzgericht überprüft dann entsprechend den Fall noch einmal neu.

GLOSSAR: DIE WICHTIGSTEN BEGRIFFE

Abgeltungsteuer

Zinsen, Dividenden, Kursgewinne und andere Kapitalerträge unterliegen der Einkommensteuer. Die von den Banken einbehaltene Kapitalertragsteuer ist eine Abgeltungsteuer. Sie hat pauschal abgeltende Wirkung im Hinblick auf die Einkommensteuer auf Kapitalerträge und wird als Quellensteuer direkt von den Banken einbehalten. Die Abgeltungsteuer beträgt einheitlich 25 % zuzüglich Solidaritätszuschlag (5,5 % der Steuersumme) und eventueller Kirchensteuer (je nach Bundesland 8 oder 9 % der Steuersumme). Mit der einbehaltenen Kapitalertragsteuer sind Einkommensteuer, Soli und Kirchensteuer für den Rentner oder Pensionär als Privatanleger erledigt. Die Kapitalerträge müssen dann nicht mehr in der Steuererklärung angegeben werden. Ist der individuelle Steuersatz des Rentners oder Pensionärs niedriger, kann er sich allerdings über die Einkommensteuererklärung die zu viel gezahlte Steuer erstatten lassen. Man kann dafür im Rahmen der Einkommensteuererklärung die sogenannte Günstigerprüfung durchführen lassen. Das Finanzamt prüft dann automatisch, ob die Abgeltungsteuer oder der individuelle Steuersatz günstiger für den Steuerpflichtigen sind.

Altersentlastungsbetrag

Dabei handelt es sich um einen Entlastungsbetrag für Einkünfte außer Renten oder Pensionen im Alter, um eine gerechte Besteuerung zu gewährleisten. Beim Altersentlastungsbetrag handelt es sich um einen Steuerfreibetrag, der gewährt wird, wenn die Voraussetzungen vorliegen. Der Steuerpflichtige muss dazu vor dem Beginn des Kalenderjahres das 64. Lebensjahr vollendet haben, für das das zu versteuernde Einkommen ermittelt wird.

Außergewöhnliche Belastungen

Außergewöhnliche Belastungen sind zwangsläufig entstehende Belastungen, denen man sich nicht entziehen kann, wie z. B. Krankheitskosten, Unterhalt oder Pflegekosten, die der Steuerpflichtige für sich oder ein Familienmitglied zu tragen hat. Außergewöhnliche Belastungen sind absetzbar. Davon abgezogen wird allerdings eine zumutbare Eigenbelastung in Höhe von 1 bis 7 % des Gesamtbetrags der Einkünfte. Zudem dürfen diese Aufwendungen einen angemessenen Betrag nicht übersteigen.

Besteuerungsanteil

Der Besteuerungsanteil einer Rente ist der Teil, der der Einkommensteuer unterliegt. Während der Übergangsregelung bis zum Jahr 2040, ab dem die Renten voll der Einkommensteuer unterliegen, ist ein Teil der Rente steuerfrei. Der Teil der Rente, der der Einkommensteuer unterliegt, wird Besteuerungsanteil genannt.

Doppelbesteuerung

Von Doppelbesteuerung spricht man, wenn Einkünfte doppelt besteuert werden. Dieses kann etwa bei Renten aus dem Ausland der Fall sein, wenn die Rente sowohl im Ausland als auch in Deutschland der Einkommensteuer unterliegt. Um dies zu vermeiden, gibt es mit vielen Staaten Doppelbesteuerungsabkommen, die regeln, welches der beiden beteiligten Länder die betreffenden Einkünfte der Einkommensteuer unterwirft. Eine Doppelbesteuerung droht jedoch auch dann, wenn z.B. Rentenbeiträge aus versteuertem Einkommen geleistet wurden und dann die Rentenauszahlungen auch wiederum der Einkommensteuer unterliegen.

Einkunftsarten

Für die Einkommensteuer gibt es sieben Einkunftsarten, die die Einkommensteuer auslösen: Die Überschusseinkünfte aus nichtselbstständiger Arbeit, aus Kapitalvermögen, aus Vermietung und Verpachtung und aus sonstigen Einkünften (zum Beispiel die Rente) sowie die Gewinneinkünfte aus selbstständiger Tätigkeit, Land- und Forstwirtschaft und aus Gewerbebetrieb. Aus diesen sieben Einkunftsarten wird das zu versteuernde Einkommen ermittelt.

Einspruch

Wer als Steuerpflichtiger einen fehlerhaften Steuerbescheid erhalten hat, kann diesen mit dem Rechtsmittel des Einspruchs anfechten. Der Bescheid muss dann von einer anderen Abteilung im Finanzamt überprüft und korrigiert werden. Der Einspruch ist ein außergerichtlicher Rechtsbehelf. Die Frist für den Einspruch beträgt einen Monat ab Zugang des Steuerbescheides.

Freibetrag

Für bestimmte Sachverhalte gewährt das Einkommensteuerrecht Freibeträge, die dann von der Bemessungsgrundlage für die Steuer (also den zu versteuernden Einkünften) als Pauschale abgezogen werden können. Damit verringert sich die Steuer. Freibeträge sind zum Beispiel die Behindertenpauschbeträge.

Gewöhnlicher Aufenthalt

Der deutschen Steuerpflicht unterliegt, wer seinen Wohnsitz oder gewöhnlichen Aufenthalt in Deutschland hat. Der gewöhnliche Aufenthalt ist das Land, in dem aus den Umständen ersichtlich wird, dass der Steuerpflichtige dort nicht nur vorübergehend verweilt. Entscheidend ist die zeitliche Betrachtung eines Aufenthalts im Inland. Danach liegt ein gewöhnlicher Aufenthalt vor, wenn sich der Rentner oder Pensionär zeitlich zusammenhängend mehr als sechs Monate in Deutschland aufhält.

Grundfreibetrag

Der Grundfreibetrag ist ein Freibetrag im Einkommensteuertarif, bis zu dem Einkünfte nicht der Einkommensteuer unterworfen werden. Wer unter dem Grundfreibetrag liegt, muss in der Regel auch keine Einkommensteuererklärung abgeben. Damit soll dem Steuerpflichtigen das Existenzminimum ohne Besteuerung gelassen werden.

Kapitalertragsteuer

Die Kapitalertragsteuer ist eine Einkommensteuer die auf Kapitalerträge, die z. B. auf Zinsen und Dividenden, erhoben wird. Sie wird von Banken als Abgeltungsteuer einbehalten. Es gilt der Sparerfreibetrag.

Kirchensteuer
Die Kirchensteuer wird zusätzlich zur Einkommensteuer erhoben. Sie kommt bestimmten Kirchen zugute und dient der Finanzierung ihrer Aufgaben.

Progressionsvorbehalt
Der Progressionsvorbehalt soll der Steuergerechtigkeit dienen. Bestimmte Leistungen, wie z. B. Arbeitslosengeld I, Insolvenzgeld, Kurzarbeitergeld, Elterngeld, Unterhaltsgeld als Zuschuss, Krankengeld und Mutterschaftsgeld, sind steuerfrei, da sie vom Staat kommen. Sie unterliegen jedoch dem Progressionsvorbehalt, das heißt, sie werden selbst nicht besteuert, jedoch für die Ermittlung des prozentualen Steuersatzes dem Einkommen hinzugerechnet.

Rentenfreibetrag
Der Rentenfreibetrag ist der steuerfreie Teil der Rente. Während der Übergangsregelung bis zum Jahr 2040, ab dem die Renten voll der Einkommensteuer unterliegen, ist ein Teil der Rente steuerfrei.

Solidaritätszuschlag
Der Solidaritätszuschlag, auch kurz »Soli« genannt, wird zusätzlich zur Einkommensteuer, Kapitalertragsteuer und Körperschaftsteuer erhoben. Er wurde im Jahr 1991, nach der deutschen Wiedervereinigung, eingeführt und beläuft sich auf 5,5 % der Steuersumme. Er diente der Finanzierung der deutschen Einheit, darf aber weiterhin erhoben werden, auch wenn der ursprüngliche Zweck zwischenzeitlich weitestgehend überholt ist. Viele halten ihn mittlerweile für überflüssig.

Sparerpauschbetrag
Bei der Ermittlung der Einkünfte aus Kapitalvermögen (z. B. Zinsen, Dividenden) wird als Werbungskosten pauschal ein Betrag von 801 €

(1.602 € bei Ehegatten) abgezogen. Dieser Freibetrag wird auch Sparerpauschbetrag genannt, da er dazu führt, dass der Abzug der tatsächlichen Werbungskosten bei Kapitaleinkünften, wie z. B. die Kosten für ein Wertpapierdepot, nicht angesetzt werden können.

Spekulationssteuer

Der Veräußerungsgewinn von zum Privatvermögen gehörenden Grundstücken kann der Einkommensteuer unterliegen, wenn der Zeitraum zwischen Anschaffung und Veräußerung nicht mehr als zehn Jahre beträgt und das Grundstück im Jahr der Veräußerung und in den beiden Jahren zuvor nicht zu privaten Wohnzwecken genutzt wurde. Diese Einkommensteuer auf den Veräußerungsgewinn nennt man Spekulationssteuer. Sie kommt vor allem bei vermieteten Immobilien zum Tragen, wenn diese verkauft werden, aber auch bei anderen Wirtschaftsgütern wie Edelmetallen, Antiquitäten, Münz- oder Briefmarkensammlungen sowie Oldtimern.

Steuerbescheid

Der Steuerbescheid ist der Verwaltungsakt, der als Schreiben vom Finanzamt die Einkommensteuer nebst Soli und Kirchensteuer gegenüber dem Steuerpflichtigen festsetzt und ihn zur Zahlung auffordert. Der Bescheid kann mit einem Einspruch angefochten werden.

Steuerprogression

Die Einkommensteuer ist progressiv ausgestaltet. Das heißt, der Einkommensteuersatz steigt mit steigendem Einkommen. Das bedeutet, je höher das Einkommen des Rentners oder Pensionärs, desto höher ist sein Steuersatz prozentual. Dieser progressive Steuertarif knüpft an die Leistungsfähigkeit des Steuerpflichtigen an.

Steuertarif

Steuertarif ist der Prozentsatz, der nach der Höhe des zu versteuernden Einkommens ermittelt wird und auf die Bemessungsgrundlage zur Berechnung der Einkommensteuer angewandt wird.

Werbungskosten
Werbungskosten sind Kosten, die im Zusammenhang mit bestimmten Einkünften stehen. Diese dürfen vom Einkommen abgezogen werden und mindern damit die Bemessungsgrundlage für die Einkommensteuer. Werbungskosten sind Aufwendungen zum Erwerb, zur Sicherung und zur Erhaltung der Einkünfte aus nichtselbstständiger Arbeit, aus Vermietung und Verpachtung und sonstigen Einkünften (z. B. Renten).

Wohnsitz
Wohnsitz ist eine eingerichtete Wohnung, die der Steuerpflichtige innehat und die er als Wohnung beibehalten und benutzen will.

Zu versteuerndes Einkommen
Das zu versteuernde Einkommen ist die Bemessungsgrundlage für die Steuerfestsetzung bei der Einkommensteuer. Es setzt sich zusammen aus den Einnahmen, vermindert um die Werbungskosten bzw. Betriebsausgaben, den Altersentlastungsbetrag, den Freibetrag für Alleinerziehende, den Sonderausgaben und den außergewöhnlichen Belastungen.

SCHLUSSWORT

In den nächsten Jahren müssen immer mehr Rentner Einkommensteuer zahlen. Die Rentner, die schon Einkommensteuer zahlen, werden mit jeder Rentenerhöhung möglicherweise auch höhere Steuern zahlen müssen, wenn nicht der Grundfreibetrag in Zukunft stetig steigt. Die Gründe dafür liegen auf der Hand:

➤ Jeder neue Rentnerjahrgang hat einen höheren steuerpflichtigen Rentenanteil, bis ab 2040 die gesamte Rente der Einkommensteuer unterliegt.
➤ Da der Rentenfreibetrag einmal festgeschrieben wird und bei Rentenerhöhungen nicht entsprechend angepasst wird, wirken sich diese Rentenerhöhungen in voller Höhe auf das zu versteuernde Einkommen aus, sodass alle Rentner mit der Einkommensteuer rechnen müssen, die bisher nicht steuerpflichtig waren.

Das bedeutet, dass Sie als Rentner und Pensionär sich in Zukunft mit der Einkommensteuer und dem Finanzamt auseinandersetzen müssen. Darum ist es wichtig, das nötige Rüstzeug zu haben, um sich darauf vorzubereiten und die Einkommensteuer so niedrig wie möglich zu halten. Dass es dafür legale und effektive Mittel gibt, wissen Sie jetzt. Im Zweifel hilft Ihnen auch ein Profi dabei, Ihre Rechte effektiv umzusetzen. Genießen Sie Ihren Ruhestand und bleiben Sie gesund.

In diesem Sinne
Ihr Wolf-Dieter Tölle
Steuerberater, Rechtsanwalt und Notar, Fachanwalt für Erbrecht und Fachanwalt für Steuerrecht, Kanzlei Tölle & Melchior, Detmold.

DANKSAGUNGEN

Ein Buch zu schreiben, ist immer wieder eine Herausforderung, gerade bei einer so spannenden, aber auch umfassenden Materie wie der Besteuerung der Renten und Pensionen. Daher gilt es zum Abschluss auch noch denjenigen Dank zu sagen, die das Entstehen dieses Ratgebers unterstützt haben:

➤ Danke, Berenice, Jonathan, Katharina und Frederik, für Eure Geduld mit mir.
➤ Danke, Frau Mahmo und Frau Riesenberg, für die vielfältigen Schreibarbeiten.
➤ Danke, Frau Hamann, für die akribische Durchsicht und Formatierung.
➤ Danke meinen Damen aus der Steuerabteilung der Kanzlei Tölle & Melchior für die kleinen Ratschläge, auch wenn sie nicht immer wussten, dass sie für dieses Buch sind.

Mein Dank gilt natürlich auch dem Lektorat und dem Verlag.

DER AUTOR

Wolf-Dieter Tölle
Rechtsanwalt, Notar und Steuerberater
Fachanwalt für Steuerrecht
Fachanwalt für Erbrecht

➤ Seit 1999 als Sozius der Kanzlei Tölle, Rechtsanwälte & Steuerberater in Detmold tätig
➤ Langjährige Tätigkeit als Notariatsvertreter und Notariatsverwalter
➤ Dozent für den niedersächsischen Steuerberaterverband, die Steuerlehrgänge Dr. Bannas, Deutsche Anwalt Akademie, ARBER-Seminare, NWB-Akademie, RAK-Hamm u. a.
➤ Autor und Redakteur diverser Fachpublikationen
➤ Mitglied der deutschen notarrechtlichen Vereinigung
➤ Erster Vorsitzender des Lippischen Anwalt- und Notarvereins e. V.

Schwerpunkte:
➤ Steuerrecht, Steuerberatung
➤ Familienrecht/Gestaltung
➤ Allgemeines Zivilrecht, Arbeitsrecht
➤ Wirtschafts- und Gesellschaftsrecht
➤ Erb- und Nachfolgeregelungen